# LES
# CONSERVATEURS
ET LES
# RÉFORMISTES

LA

# Liberté de l'Enseignement

est nécessaire. Mais, telle que le parti dit catholique la réclame, elle ne serait pas seulement subversive de nos grands intérêts nationaux. Pour la grande majorité elle serait surtout un obstacle à ce que le sentiment religieux inné dans toutes les âmes, vienne se satisfaire aux sources du christianisme. En achevant d'eloigner le clergé de cette partie de la société la plus avancée dans la voie du progrès, elle favoriserait l'esprit de division et d'antagonisme, l'exaltation du parti dit catholique et les exagérations de l'école philosophique, en isolant, en abandonnant ces derniers à leurs tendances : tandis qu'un de nos premiers devoirs est de rapprocher l'Université et l'Église, afin de modérer l'une par l'autre ; de ramener l'union de la foi et de la philosophie. Telle est l'œuvre de l'Église nationale : en s'y refusant, le clergé renierait sa mission.

Cette thèse est soutenue avec l'appui de mille faits et de mille autorités religieuses irrécusables, dans un ouvrage nouveau, intitulé :

## MANIFESTATION CATHOLIQUE

ET

### RATIONALISME CHRÉTIEN

Conférences entre un Évêque et un Curé, sur l'attitude de l'épiscopat envers la société et le pouvoir; les devoirs du clergé résultant du but de la création et de celui de l'Église ; la foi et la philosophie ; la liberté de l'enseignement ; les libertés de l'Eglise Gallicane ; l'influence de la Compagnie de Jésus, etc., etc.

*Par des Catholiques*

qui ne veulent pas cesser d'être chrétiens et Français

ET PAR

BÉNÉDICTE NOLDRAN

1 beau vol. format anglais ; prix, 3 fr. 50 cent.

PARIS, AU COMPTOIR DES IMPRIMEURS-UNIS

Quai Malaquais, 15.

LES

# CONSERVATEURS

ET LES

# RÉFORMISTES

ESSAI

## SUR LA DOCTRINE POLITIQUE

QUE RÉCLAME LE RÉGIME DE LIBERTÉ

PAR BÉNÉDICTE NOLDRAN

PUBLICISTE.

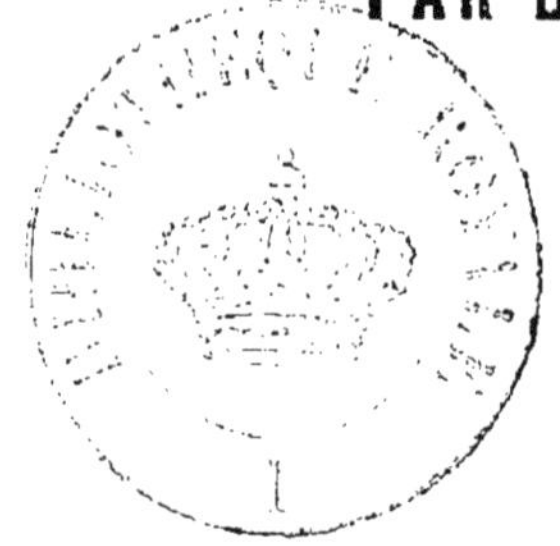

Le gouvernement représentatif, c'est le règne de la puissance morale. La liberté confère des droits, mais en imposant d'imprescriptibles devoirs ! Être vrai ; à chacun son devoir social : la liberté n'est qu'à ce prix !

PARIS

AU COMPTOIR DES IMPRIMEURS-UNIS

—COMON ET Cie—

15, QUAI MALAQUAIS

1848

*Voir le sommaire à la fin du volume.*

PARIS. — Imprimerie BONAVENTURE et DUCESSOIS, 55, quai des Gr.-Augustins
(près le Pont-Neuf).

LES

# CONSERVATEURS

ET LES

# RÉFORMISTES

## SITUATION ET BESOINS MORAUX

### DE LA FRANCE.

« Il faut que les esprits d'élite, quel que soit leur drapeau, que tous les cœurs qui ne sont pas desséchés par l'ambition et l'égoïsme, ces deux maladies chroniques de notre siècle, se rallient à ce grand principe du progrès, mais du progrès éclairé par l'expérience qui le précède, élevant son flambeau dans les voies quelquefois incertaines du perfectionnement. Le temps presse : ne voyez-vous pas que la société craint pour son avenir! » M. JAY, de l'Académie [1].

Les Chambres s'ouvrent. Les Conservateurs et les Réformistes sont en présence dans l'arène de la représentation nationale. N'y seront-ils point

[1] Rapport sur *Les Réformateurs contemporains*, ouvrage de M. Louis Reybaud, couronné par l'Académie Française.

sous l'influence de l'antagonisme excité par les banquets politiques? Qu'il soit permis à *une voix neutre* de soumettre aux uns et aux autres avec une franchise respectueuse, mais réelle, quelques réflexions sur leur situation et leurs désirs, leur mission et les espérances du pays.

L'immense majorité de la France veut le gouvernement monarchique et représentatif; elle est persuadée que la pratique sincère de ce gouvernement, unie à une législation qui réponde aux besoins résultant du régime de liberté, peut seule, chez une nation de notre caractère, féconder toutes les ressources, satisfaire tous les intérêts légitimes, assurer le développement rationnel de toutes les grandes pensées de progrès et de régénération. Si l'immense majorité est d'accord sur ce point, elle ne l'est pas sur les maximes, sur les règles qui doivent assurer la pratique sincère du pouvoir représentatif ; et cela, quoique de doctes ouvrages semblent avoir résolu cette question, en d'autres temps il est vrai.

Sans aucun doute, la première condition du régime de liberté, c'est une sincérité entière, scrupuleuse même, dans la pratique des institutions. Hors de là il n'y a point de dévouement, point de confiance, point de respect pour le pouvoir, et conséquemment point d'ordre moral possible, point de bien-être, point de société digne de ce nom ! Mais en même temps le pouvoir ne saurait être placé dans des conditions où cette sincérité soit impossible. La grande tâche départie au pays politique, c'est de rechercher et de préciser les règles du régime de liberté pour les gouvernants comme pour les gouvernés ; c'est de déterminer les conditions qui peuvent assurer l'ordre moral sous ce régime. Car le régime de liberté est acquis à la France, et nul ne peut songer à l'en priver. En 1814, la Charte fut octroyée comme un bienfait. En 1830, le cratère de la révolution, agitant les passions dangereuses, mettait l'ordre social en péril : on ne songea qu'à rentrer dans le passé, qu'à garantir le présent contre les exagérations du principe dont l'ordre nouveau venait de surgir. La nécessité devint la seule règle. Les difficultés sorties de cette situation ont amené les esprits à l'état d'irritation et d'inquiétude que l'on remarque aujourd'hui. Plus on marche dans cette voie en se renvoyant le reproche d'abuser du pouvoir ou de la liberté, plus on compromet ce qui intéresse tous les partis, plus on s'éloigne du but vers lequel tendent tous les efforts. Il est donc temps de déclarer un armistice dans cette lutte de récriminations ; il est temps de s'arrêter en face les uns des autres et de se demander, sans prévention, avec un effort de franchise qui ne sera pénible pour personne, quelles sont les conditions de l'ordre moral et du progrès social sous le gouvernement représentatif. La prospérité du pays dépend impérieusement d'une telle abnégation et d'une telle sincérité. Tous les partis s'en feront un devoir : le révoquer en doute serait leur faire injure.

## I.

En proclamant le principe de la souveraineté, la Révolution française a changé radicalement l'état des sociétés : elle leur a ouvert la grande voie du progrès. En passant de l'absolutisme à la liberté, l'homme, n'étant plus soumis à des volontés arbitraires, s'est trouvé affranchi de cette soumission servile qui comprimait chez lui les élans de l'intelligence, de cette contrainte qui l'obsédait jusque dans son langage le plus familier ; il est devenu un être indépendant, ne relevant que de la loi faite par la nation ; il a acquis le droit de développer à son gré le génie dont la Providence l'a doué.

Voir reconnaître leurs droits et en user, telle a été la juste, l'incomparable satisfaction que les peuples ont éprouvée et qu'ils éprouvent progressivement, partout où les grands principes chrétiens proclamés en 89 ont été admis au moins en partie.

Mais en même temps que l'on a annoncé aux peuples leur avénement à cette dignité inconnue jusqu'alors, leur a-t-on suffisamment expliqué que dans cette nouvelle situation ils devaient tout attendre des efforts de leurs facultés, touchant les besoins physiques comme les besoins moraux d'un nouveau genre qu'ils allaient ressentir? En les faisant passer, dans la vie sociale, de l'état d'enfant à celui d'homme majeur, leur a-t-on fait remarquer que ce nouveau régime, s'il leur acquiert des droits dont l'exercice les grandit dans l'ordre moral, il leur impose des devoirs qui en sont l'équivalent, et qui remplacent la soumission forcée à laquelle ils étaient astreints: parce que dans l'ordre social, comme dans celui de la nature entière, chaque droit répond à un devoir.

Ceux qui se sont constitués les tuteurs du peuple dans cette heureuse transformation, n'ont-ils point négligé d'enseigner que le régime de liberté, c'est celui où la puissance morale, cette émanation des intelligences et des âmes qui échappe à la force matérielle, est appelée à dominer ; que, libre dans l'exercice de ses droits comme dans celui de ses devoirs sociaux, s'il les méconnaît, l'homme en sera puni, non plus par la puissance matérielle qui venait directement le frapper lorsqu'il manquait à la soumission due à l'autorité despotique, mais par le trouble, les souffrances qui, dans le règne de la liberté ou de l'ordre moral, atteignent inévitablement, quoique plus ou moins directement, quiconque oublie l'exercice de ses devoirs, plus encore que celui de ses droits : car les premiers sont la condition à laquelle la société concède les droits!

Enfin, la conduite si spéciale à cet ordre social a-t-elle été tracée pour les gouvernés comme pour les gouvernants? En un mot, la législation indispensable à ce nouveau régime, et l'enseignement propre à la faire apprécier, seconder, soutenir par les populations, a-t-elle été fournie à chaque classe? Car, dès qu'il ne s'agissait plus seulement d'obéir, mais d'agir avec liberté, de seconder la direction des affaires publiques ou d'y résister, l'instruction spéciale à ces nouvelles fonctions était indispensable ; elle devenait une partie essentielle des études de la jeunesse.

Et cependant, si l'on écoute l'homme du travail manuel ou le marchand, le fonctionnaire ou l'administré, les uns comme les autres définissent, expliquent tous les droits, et personne ne songe à rappeler les devoirs. Tous se récrient contre l'ordre social qui, selon eux, les blesse, nuit à leurs intérêts, s'oppose au libre exercice de leurs droits : ils n'ont que des plaintes à faire entendre.

Et si on leur dit :

Cet ordre social qui vous a enlevés à l'arbitraire du despotisme, qui vous a donné l'indépendance, la dignité d'homme, et qui vous garantit le libre essor des facultés de votre intelligence, quels devoirs remplissez-vous envers lui?

A cette demande chacun répond fièrement : Je paie régulièrement mon propriétaire et les impôts; je satisfais à ce qu'exige ma profession; je n'ai jamais abusé ni blessé personne; je suis un bon citoyen.

Mais ce n'est là que le devoir rigoureux qui répond au droit de vivre dans une société quelconque; ce devoir nous était imposé lorsque nous ne jouissions d'aucun des droits que nous exerçons maintenant, qui sont une partie de la magistrature sociale, et que la société ne concède qu'à la condition d'exercer les devoirs qui y correspondent; car, si personne ne les pratique, ces devoirs, on ne fait que se nuire les uns aux autres : où l'on ne proclame que des droits, c'est celui du plus fort qui a raison!

Si nous considérons les êtres de chaque règne dans la nature, et l'univers dans son ensemble, nous reconnaîtrons bientôt, qu'outre les fonctions, les devoirs permanents et généraux communs à tous, ils accomplissent des fonctions spéciales en rapport avec les avantages qu'ils retirent de leur situation. Et l'homme, doué de la raison par laquelle s'établit l'ordre moral, émanation directe du principe de toutes choses, n'est-il pas évident que dans la carrière ascensionnelle que ses facultés l'appellent à parcourir, c'est le concert de ses droits avec ses devoirs qui doit déterminer l'harmonie sociale que l'humanité est appelée à réaliser, et dont l'harmonie parfaite du monde physique nous présente sans cesse le modèle.

Il semble que l'on s'est défié de la raison de la jeunesse et de celle du peuple, à ce point de les croire incapables de comprendre les obligations qu'impose la liberté, incapables de s'y soumettre ; il semble qu'on ait préféré garder le silence sur ce sujet, et remédier, par des moyens détournés, aux obstacles que le pouvoir rencontre dans l'absence des mœurs politiques. Mais le peuple distingue ces moyens. Il ne les prend pas pour l'effet des nécessités déterminées par ses coutumes ; il les considère comme un désir de le priver de ce qui lui a été promis, de revenir à l'ancien régime ; il les considère comme un manque de loyauté dans ce qui lui est dû. A cette pensée, il s'irrite ; il s'abandonne à toutes sortes de préventions qu'il croit fondées ; il se défie ; il fait obstacle sans cesse à l'action de l'autorité : l'idée des devoirs ne lui vient à l'esprit que pour rappeler ceux des gouvernants qui lui semblent méconnus. Aussi dans la situation présente, ce mot *devoir*, prononcé par les défenseurs du pouvoir, ne nous paraît au premier abord qu'une demande de soumission aux moyens que le pays repousse. Mais si la question est posée sincèrement, de manière à engager gouvernants et gouvernés ; s'il devient constant que c'est la doctrine indispensable au régime de liberté que l'on vient exposer aux uns et aux autres dans l'intérêt de tous, la raison de la jeunesse studieuse et celle du peuple ne chercheront pas à la repousser, car elles repousseraient la liberté elle-même ! Elles sentiront que pour réclamer l'accomplissement des devoirs de ceux à qui l'on a donné la mission difficile de gouverner par la liberté, il est indispensable que chacun remplisse les obligations spéciales qu'impose un tel régime. Alors la question se trouvera posée nettement aux yeux de tous. Il sera reconnu que le régime de liberté ne peut subsister en dehors de telles et telles conditions. Alors les préventions du peuple contre le pouvoir et celles du pouvoir contre le peuple n'auront plus les mêmes motifs de justification : la situation sera changée.

## II.

Une de nos illustrations nationales, un des premiers représentants des principes démocratiques, vient de les formuler dans un vœu auquel nous nous associons complétement, et dont nous tâcherons de pratiquer la pensée par ces études. M. de Lamartine a dit au banquet de Mâcon : « *Au triomphe régulier, progressif et continu de la raison humaine! Au triomphe de la raison humaine dans les idées, dans les institutions, dans les lois, dans les droits de tous, etc.* »

C'est à cette raison seule que nous venons faire appel pour rechercher les conditions du progrès social sous le gouvernement représentatif. Hommes du nouveau régime, nous n'avons ni haine ni dédain pour le passé de tous les genres. Nous en recueillons les souvenirs avec respect; nous révérons les enseignements et les bienfaits que ses drames les plus douloureux pour nos propres familles ont légués à la patrie. La liberté nous est acquise au prix du sang et des malheurs de nos pères : elle nous est chère à tous ces titres, et plus encore comme une des conditions essentielles de tout progrès.

Arrivés sur le seuil de l'arène politique que nous observons depuis des années; prêts à nous y mêler à la foule des lutteurs, nous marquons un temps d'arrêt pour y chercher notre poste, et nous ne l'apercevons pas distinctement.

Deux voies sont ouvertes dans cette arène. Dans l'une, tous les cris sont pour la liberté ; dans l'autre, ils sont tous pour le pouvoir. Sous l'impulsion d'idées incomplètes et d'intérêts fugitifs, on se précipite dans l'une ou dans l'autre de ces deux voies, sans s'interroger suffisamment sur la raison qui va y déterminer ses efforts. Des doctrines, on n'en a pas. Depuis longtemps la polémique sur les faits ou l'apologie de quelques idées a remplacé les discussions de ce genre. Pouvoir ou liberté, progrès ou immobilité, raison ou obscurantisme, gloire ou abnégation, telles sont les idées que l'on oppose les unes aux autres avec l'ardeur qu'inspirent les intérêts qui s'y rattachent, et dont l'exagération réciproque cause un trouble indéfinissable. Mais ces idées universelles, qui sont des vérités éternelles, n'ont d'effet salutaire que par la combinaison de leur part d'action dans une doctrine formulée en vue des besoins de tel ou tel état social. Cette doctrine, la possédons-nous? Si elle existe, d'où vient cet engouement pour quelques idées prises abstractivement? La liberté est-elle pour chaque peuple comme un aérostat qui s'élève ou s'abaisse, s'enlève en des régions inaccessibles ou chute et vient se briser sur le sol, selon l'agitation qu'on lui communique; ou n'est-elle qu'une partie intégrante des principes permanents de stabilité et de progrès, base de tout ordre social?

S'il en est ainsi, hommes du nouveau régime, en entrant dans l'arène politique, faisons appel à l'expérience autant qu'à la science moderne. Tâchons de découvrir les conditions de la liberté ou du progrès social chez une nation de notre caractère. Défions-nous de l'entraînement que tant de publications s'efforcent de déterminer en nous ; craignons l'engouement pour aucune des meilleures idées ; craignons-le en faveur du pouvoir ; sachons-le craindre aussi pour la liberté : cherchons une doctrine. Considérons l'égarement qui dirige dans l'arène politique tant de doctes esprits aux sentiments généreux, à l'intelligence élevée, pour avoir oublié de se demander si se faire le champion d'une seule idée, ce n'est pas faire obstacle au progrès. Car, nous ne pouvons le méconnaître, sous le régime de liberté, la prospérité de chaque nation dépend de la doctrine qui résoudra le problème de la pondération des idées universelles par les facultés du peuple appelé à pratiquer cette doctrine. Sans doute, toutes les opinions ne pourront adopter la même mesure pour atteindre ce résultat ; mais aucune ne pourra méconnaître les bases générales qu'elles auront discutées et proclamées elles-mêmes. Alors, en entrant dans l'arène où se discutent les affaires publiques, chacun saura quelles sont les armes qu'il peut employer pour servir efficacement les opinions auxquelles il se rattache, sans nuire à l'ordre moral, condition de tous progrès. Alors, chacun pourra reconnaître quelle mesure de liberté est nécessaire au bien-être de son pays ; et peut-être arrivera-t-on à dire dans chaque parti : Il n'y a pas de droits politiques trop étendus pour le peuple qui pratique les devoirs attachés à ces droits ; et les droits politiques les plus restreints seront toujours subversifs de tout ordre moral, dans les pays où l'on méconnaîtra les devoirs qui y correspondent. Tout le mal que les hommes déplorent ne résulte, très-généralement, que d'une absence de réflexion ou de lumières !

Loin de nous la prétention de satisfaire à la

tâche complexe qui vient d'être indiquée; c'est à de plus doctes qu'il appartient de la remplir. Cet écrit n'est d'ailleurs qu'une feuille détachée d'un ouvrage essayé en vue d'apporter l'humble tribut de nos méditations à une œuvre qui appelle le concours de toutes les lumières et de tous les partis. Ce que la France réclame, c'est la doctrine nationale dans son ensemble ; c'est l'évangile politique dont la Charte n'est que le décalogue. Car cet évangile, cette doctrine indispensable, commentaire de la loi fondamentale, manque à tout citoyen qui désire s'éclairer sur l'action politique qu'il exerce chaque jour par la presse, par la discussion orale, et par l'influence de son parti, sur le corps électoral et l'opinion publique dont la puissance est aujourd'hui souveraine.

# DU POUVOIR ET DE NOTRE ÉTAT SOCIAL.

Nature de la puissance assurée au peuple par les droits politiques actuellement acquis à tous. — Difficultés que la formation des mœurs politiques trouve dans les tendances du caractère national. — L'état de ces mœurs ne peut justifier une pratique restrictive du gouvernement représentatif.

Il est des principes admis dans tous les pays et dans tous les temps, parce qu'ils font partie de la raison universelle, émanation de Dieu même. Ce sont ces principes qui règlent l'ordre des sociétés conformément aux vues de la Providence. Les lois du monde moral sont aussi indéniables que celles du monde physique. La raison les découvre par l'observation des souffrances que cause leur absence au corps social, comme la faim révèle le besoin du corps humain.

La société, arrivée à l'âge qu'elle compte parmi nous, subsiste par deux principes : le pouvoir et la liberté.

Le pouvoir représente les forces sociales organisées pour assurer l'exercice de tous les droits et commander celui des devoirs. Il garantit l'ordre et le progrès en contenant les passions subversives et en protégeant tous les intérêts légitimes.

La liberté s'exerce par le libre essor des facultés de l'intelligence dans la limite tracée par les lois, et par la pratique des droits du citoyen dans la formation du pouvoir ; ce dernier devient ainsi la volonté même du pays, la puissance active, souveraine de la raison de la société.

Sans pouvoir, il n'y aurait pas de société possible ; sans liberté, il n'y aurait plus de pouvoir qui soit moral. De plus, il ne peut y avoir ni ordre, ni progrès, si le pouvoir et sa forme ne sont pas inviolables, s'ils peuvent être outragés impunément [1]. Ces principes sont irrécusables ; les fautes des gouvernants ne sauraient les altérer en rien ; elles sont un mal inévitable. Quel que soit le mérite des hommes qui exercent l'autorité, on ne saurait y emprunter aucun droit contre les institutions. Quoique l'impéritie des pilotes fasse naufrager quelques navires, personne n'a dit encore qu'on dût renoncer à la navigation. Les erreurs du pouvoir ne peuvent donc faire remonter l'attaque de l'Opposition jusqu'au principe de l'autorité. Il n'y a qu'une digue sûre

[1] Ceci sans préjudicier à l'entière et rigoureuse responsabilité des ministres et des fonctionnaires de tous grades.

contre l'inconstance des multitudes et l'ambition politique des esprits turbulents, c'est l'inviolabilité de la forme et des droits du gouvernement.

Il y a plus encore : sous le régime de liberté, l'idée d'autorité ne doit plus provoquer une pensée de résistance qui nuirait alors au progrès social en faisant obstacle à la plus juste action du pouvoir. Sous ce régime, le respect pour le principe d'autorité doit naître avec les mœurs ; nous allons en exposer les motifs.

Après avoir institué le pouvoir par la représentation nationale, ce régime donne encore à chaque citoyen, pris isolément, une action politique qui devient incalculable dès qu'elle s'exerce collectivement, dès qu'elle agit par la liberté de la presse et par tous les droits que garantissent les institutions. Cette action est appelée à entretenir une opposition utile, nécessaire même pour éclairer les gouvernants. Mais si les passions dangereuses ou des intérêts particuliers l'emploient dans un sens nuisible à la société, le pouvoir n'a aucun moyen de l'arrêter complétement. Tant qu'elle se maintient dans la limite où les lois lui assurent sa libre action, il ne lui peut rien. Il doit attendre qu'elle franchisse cette limite en s'exaltant; alors, il l'arrête, mais seulement pour la faire rentrer sur son terrain, en lui imposant une peine qui ne répare pas le mal et qui permet de le continuer dans le cercle où la légalité laisse libre d'agir. Là, ce mal peut devenir redoutable selon les circonstances, par la masse d'éléments analogues qu'il rencontre et avec lesquels il s'unit et se propage, quand la disposition des esprits lui est favorable.

Cette puissance que la liberté confère à tous les citoyens s'exerce dans un sens subversif, par une immense majorité, dès que les gouvernants ont fourni à l'opposition quelques griefs sérieux. Alors les prétentions de cette dernière s'accroissent avec l'irritation de son langage ; les intérêts de faction et les utopies s'agitent et viennent troubler l'ordre social : le pouvoir est traité comme l'ennemi de tous ; l'exagération devient le seul thermomètre de la raison nationale ; les ambitions de tous genres et le charlatanisme politique voient leur jour d'impunité, de glorification même. Tous ensemble unissent leurs efforts dans cette agitation subversive, maintenue dans la limite tracée par les lois, où l'autorité ne peut l'atteindre. Si cette situation se prolonge, les difficultés du pouvoir ne faisant que s'accroître, les moyens dangereux de répression adoptés pour un temps de crise deviennent permanents ; le zèle des agents subalternes achève de les rendre démoralisateurs. Alors on s'exalte indéfiniment de part et d'autre. Le pouvoir prétend tout justifier par la nécessité de résister à des efforts anarchiques; ses adversaires crient à la corruption qui se répand à l'aide de ce trouble ; les masses considèrent ce spectacle où chacun semble s'inspirer du mépris du pouvoir et de tout ce qui est élevé : et ainsi la puissance morale du pays, divisée en deux camps ennemis, se consume en efforts qui déterminent une subversion générale, une période de décadence, dont la permanence conduirait la nation à sa ruine.

Les gouvernants peuvent-ils, par la puissance législative et par la force matérielle dont ils disposent, arrêter, transformer cette situation par des actes répressifs ? Non ! ils sont impuissants à le faire ; ils ne peuvent atteindre que ce qui est qualifié délit ou crime par la loi; et souvent ce n'est pas l'action la plus dangereuse : l'exagération de cette dernière porte avec elle l'avertissement. Le mal le plus démoralisateur et contre lequel il n'y a qu'une seule arme, la discussion, c'est le sentiment de défiance, de déconsidération que l'on inspire à tous les esprits pour ce qui se rattache à l'autorité. Ce sentiment fait oublier tous les autres devoirs. Celui qui ne se croit plus tenu de respecter l'autorité, commence à ne plus remplir ses obligations envers les autres qu'avec dédain et comme par dévouement; insensiblement, il se tient à peine obligé par les prescriptions les plus impérieuses de la loi, et encore conserve-t-il l'espoir d'éluder cette dernière.

Il y a donc, sous le régime de liberté, une puissance sans laquelle aucun bien ne peut s'accomplir, quelque fort que soit le pouvoir, matériellement : cette puissance, c'est l'influence morale!.. Le pouvoir qui la perd gouvernera encore de fait, s'il peut se maintenir une majorité dans la représentation nationale; mais il ne commandera plus que la partie matérielle du corps social, et au prix d'une irritation, d'un trouble démoralisateur. Le premier besoin des gouvernants est donc au moins de n'inspirer aucune défiance générale : leur premier devoir est donc de s'appuyer sur la puissance morale ! Telle est la grande question de laquelle dépend la chute ou le progrès de la liberté ; et cependant, c'est celle sur laquelle il semble que l'on soit le moins d'accord, en réalité.

Ces conséquences de l'action politique du peuple dans les affaires de l'État disent assez que les gouvernants doivent se demander si les mesures administratives qu'ils considèrent comme nécessaires seront, aux yeux de la nation, la pratique sincère du gouvernement représentatif. Si les hommes d'État ont à ce sujet des idées contraires à celles du pays, l'action du pouvoir sera difficile et démoralisatrice : c'est inévitable.

Sous le régime de liberté, il est nécessaire que toutes les difficultés du gouvernement soient connues et comprises de chacun. La raison politique du peuple ne peut se former sans cela. Il faut que nul ne puisse réclamer des autres ce dont il se dispense pour lui-même. Mais aucun parti n'a voulu formuler nettement les obligations imposées par le nouveau régime. Est-ce parce que l'on n'est pas encore bien fixé sur les besoins du gouvernement représentatif? Est-ce parce que chacun veut se réserver la plus grande latitude pour le cas de son avénement au pouvoir? Serait-ce encore parce que ceux qui semblent destinés à vivre dans l'opposition, ont prévu que la proclamation de telles règles imposerait des devoirs réciproques plus gênants, peut-être, pour une opposition systématique que pour le pouvoir? — Quelle que soit la cause du silence gardé sur ce sujet pendant que l'on récrimine à tous égards sur le ton le plus alarmant, il importe de remarquer que l'irritation, le trouble démoralisateur que l'on déplore, n'est point, à différents degrés, selon les circonstances, la condition normale de notre régime. Le prétendre serait donner raison à l'absolutisme; ce serait nier l'action bienfaisante du principe de liberté.

Il y a une pratique du gouvernement représentatif qui ne laisse à la puissance donnée aux gouvernés qu'une mission de contrôle, de discussion, de lutte émulative, en vue du progrès que l'on cherche dans un intérêt commun. L'agitation qui naît d'une telle lutte, quelque grande qu'elle soit, n'est pas démoralisatrice par la majorité du pays. Sans doute les gouvernements, même les meilleurs, auront tous et toujours des adversaires systématiques, comme il y aura toujours dans la société des êtres et des coteries nuisibles. Mais ces êtres et ces coteries ne forment qu'une minorité, dont l'action projette la lueur qui éclaire les plus dangereux écueils. C'est le mal nécessaire que la Providence permet en tous lieux pour enseigner le prix du bien.

## I.

Si jusqu'à ce jour, le pouvoir a cru devoir user de certaines licences dans la pratique de ses droits; si la majorité des mandataires du pays l'a approuvé, c'est que l'on trouve d'immenses difficultés à gouverner avec la position que les mœurs du pays font au pouvoir. C'est là une question capitale qui appelle le plus sérieux examen. Nous la formulerons dans les termes mêmes employés par les hommes politiques qui la soutiennent : L'absence des mœurs politiques, ou la nature de ces mœurs, font-elles que la pratique véritablement sincère du gouvernement représentatif soit impossible en France ?

La majorité du pays légal agit souvent comme si telle était sa persuasion. Déterminée par les difficultés, elle ne dicte au gouvernement que des obligations assez larges pour que le principe de la pratique sincère puisse y entrer et en sortir selon les circonstances, sans que l'on puisse légalement l'imputer à un abus de l'autorité.

Sans doute, la sincérité réelle du gouvernement constitutionnel exige l'accomplissement de devoirs sociaux dont on semble parfois n'avoir pas même une idée. Un pays qui nous a précédés dans le régime représentatif, et dont cependant les institutions sont bien moins aristocratiques que les nôtres, nous donne à quelques égards l'exemple des mœurs politiques, indispensables au régime de liberté. A part un honteux trafic des votes dans les élections, les principaux devoirs politiques y sont exercés avec une sollicitude soutenue. Là, au nom d'une autorité, de quelque rang qu'elle soit, non-seulement l'individu, mais la foule, prend une attitude respectueuse et soumise. Avec un seul attouchement de sa baguette, un constable enchaîne plus fortement ceux qu'il somme de le suivre devant les magistrats, que ne le ferait une escouade de nos sergents de ville. Dans la Grande-Bretagne il y a partout de la foi religieuse et du respect pour le principe d'autorité : les journaux n'y paraissent pas le dimanche ! A Londres on voit souvent la foule donner à des ministres des témoignages éclatants de sympathie. L'opposition y a un caractère bien différent de la nôtre ; et cependant, les institutions et le caractère national y rendent la pratique des devoirs politiques bien moins indispensable que chez nous.

Si nous portons nos regards vers le pays classique de la liberté, nous remarquons un respect peut-être encore plus complet pour les mêmes principes. Aux États-Unis, le général en chef commence ainsi son ordre du jour après une victoire sur les Mexicains : « *Par la grâce de Dieu* et par la bravoure de l'armée, nous avons été vainqueurs !... » Tout récemment, en Suisse même, le commandant supérieur des troupes de la Diète s'est exprimé en des termes semblables. Partout où la liberté est solidement établie, partout où elle est féconde, le respect des principes fondamentaux de tout ordre social est passé dans les mœurs : on y révère ce qui chez nous n'inspire que le dédain, quelquefois plus encore. Nous croirions manquer à notre réputation d'*esprits forts* si nous disions comme l'illustre pair, défenseur de la liberté sous la Restauration, lorsqu'il répondait à M. de Bonald dans le palais du Luxembourg : « Je n'ai point renié mes opinions ; je viens à la tribune avec la *Monarchie selon la Charte ;* et je vais le dimanche à l'église avec le *Génie du Christianisme.* »

Le peuple français n'est-il donc pas capable de contracter les coutumes nécessaires à la pratique réelle du gouvernement représentatif ou du régime de liberté ? C'est l'opinion de ceux que nous avons déjà cités. C'est la raison ou plutôt l'excuse du système qu'ils soutiennent. Quoique cette opinion s'autorise de faits significatifs et irrécusables, elle n'est cependant pas dans le vrai. Il y a deux raisons très-valables du retard de l'éducation politique du peuple dans notre pays. La première, c'est que ceux à qui la tâche de le former était naturellement dévolue, ne s'en sont pas occupés autant que l'exigent les tendances du caractère national. La seconde, c'est que l'intelligence si pénétrante du Français, lui faisant comprendre spontanément tous ses droits, et l'exercice de ces derniers ne demandant que l'essor d'activité intellectuelle si naturel à notre nation, le peuple s'est trouvé à même de reconnaître, de contrôler, en les exagérant, les moindres erreurs des gouvernants; il s'est dit, et on lui a répété de toutes parts : Le pouvoir abuse de ses droits et ne donne pas satisfaction aux nôtres. Partant de là, il s'est exalté en disant : « Nous ne devons voir en lui qu'un adversaire ; il faut s'en défier sans cesse et le combattre. » Nul n'est venu expliquer à quelles conditions le pouvoir peut satisfaire tous les droits ; nul n'est venu démontrer que, acquérant des droits, la nation avait aussi acquis des devoirs politiques et sociaux sans la pratique desquels elle est elle-même le principal obstacle à la sincérité du gouvernement représentatif. Au lieu d'initier le peuple aux vérités politiques de l'ordre moral, on l'a réduit à ne comprendre que l'ordre matériel : Il faut soutenir le pouvoir, afin de n'avoir pas des émeutes qui paralysent l'industrie, lui a-t-on répété ; mais en compensation, sitôt que le calme sera dans la rue on reprendra l'attitude défiante, hostile, outrageante :

toute notre exubérante activité d'esprit s'épanchera dans un sens subversif. Telle est l'attitude permanente du pays !

Le Français est vif, impatient, mobile. Prompt à s'enflammer, il cède à l'entraînement de la sensation. Sentir et agir s'accomplissent chez lui simultanément. S'imposer de réfléchir est pour sa nature une souffrance à laquelle il ne se résout pas. Il adopte les idées faites, les jugements formulés. Toute apparence d'une pensée élevée, d'une action noble, d'un projet généreux le séduit, l'entraîne : les inconvénients et le charlatanisme lui échappent, parce que la réflexion seule peut les faire reconnaître ; il ne sait pas se défier de ce qui apparaît sous un aspect libéral : l'engouement devient alors son défaut, pendant qu'il n'a que des préventions pour les mesures dictées par les nécessités de l'ordre social. Tout se juge pour les affaires publiques d'après ces deux genres de prévention. Mais ce danger a son remède. L'esprit pénétrant du Français est toujours averti utilement s'il l'est avec l'urbanité qui est le fond même de son caractère éminemment social, s'il l'est avec le raisonnement propre à dissiper ses préjugés. Dès que les causes de ces derniers disparaîtront, l'esprit public reviendra au jugement rationnel qu'on peut lui demander. Les côtés faibles du caractère national ont ici leur avantage. Le Français modifie facilement ses habitudes, ses dispositions : il dépend du pouvoir de l'inspirer, de le diriger. Imitateur par instinct, aucun peuple n'est autant porté à se former sur les exemples qui lui viennent d'en haut. De là d'impérieux devoirs pour le gouvernement ; de là des ressources infinies pour changer toute situation ; de là l'impossibilité de voir s'enraciner de dangereuses habitudes. Chez nous la contagion de l'exemple produit son effet, comme la spontanéité d'une glace qui réfléchit l'objet au passage, sans en retenir la moindre trace.

S'il est incontestable que les qualités précieuses, à plusieurs égards, de notre caractère national, sont elles-mêmes un obstacle à la formation des mœurs politiques, il ne l'est pas moins que nous sommes faits pour ces mœurs. Si les Allemands sont plus avancés que nous sous ce rapport, c'est qu'ils ont l'habitude de réfléchir, de méditer même avant d'agir. Notre esprit social, notre urbanité, notre pénétration naturelle, notre amour pour le progrès, pour l'humanité, prouvent suffisamment que la France doit jouir de la liberté. Nul ne pourrait raisonnablement nous le contester. Placés au milieu de nations gouvernées par des principes contraires, n'avons-nous pas su, malgré tous les obstacles, conquérir les droits politiques et les conserver à travers les épreuves les mieux faites pour les anéantir ?

Si les devoirs qu'imposent les droits politiques sont méconnus en France, c'est que leur importance n'a pas été expliquée, c'est qu'ils n'ont pas été formulés d'une manière assez précise et assez impartiale pour les faire apprécier. Si d'autres nations les ont pressentis, c'est que leur caractère est différent du nôtre. Chez nous, les législateurs et les publicistes ont des devoirs spéciaux. Est-ce au milieu de la lutte haineuse maintenue entre le pouvoir et le peuple depuis dix-huit ans, que l'éducation politique pouvait se faire ? L'enseignement propre à cette éducation n'a-t-il pas manqué ? ou plutôt, ne peut-on pas dire qu'un enseignement contraire a sans cesse été donné ?

Ce n'est presque plus que dans les journaux, que le peuple fait son éducation. Certaines publications, aujourd'hui défuntes, et posées en défenseurs des droits de l'autorité, pouvaient-elles par l'exaltation systématique de leur langage rappeler le pays à la pensée d'un devoir favorable aux principes gouvernementaux? On en est d'accord aujourd'hui ; ces valeureux champions, égarés par leurs bonnes intentions, ont contribué surtout à faire naître, puis à accroître, les défiances qui entretiennent toutes les idées subversives : aujourd'hui, peuple et pouvoir ne sont inspirés l'un envers l'autre que par des préventions!

Il n'y a donc pas lieu de s'autoriser de l'incomplète éducation politique du peuple pour contester la pratique sincère du gouvernement représentatif : on ne peut accuser le pays d'incapacité naturelle. Il y a eu absence d'enseignement. Si ce n'est la faute de personne individuellement, c'est celle de tout le monde. Les mœurs politiques se formeront chez nous avec une extrême rapidité, dès que chaque parti aura formulé les règles qu'il adopte pour la pratique des droits et des devoirs. Les intérêts publics exciteront toujours l'enthousiasme en France. Il suffit d'indiquer les véritables moyens de les servir, et de prouver que le pouvoir y travaille sincèrement. Dès-lors, l'entraînement sera général dans cette voie. La littérature y trouvera la matière de ses compositions. Le livre comme le tableau, la caricature comme la statue, tous les arts céderont au même sentiment d'émulation, pour satisfaire un besoin national, en enseignant une face des mœurs politiques, nécessaires au développement du progrès social ; et bientôt l'attitude du pays se trouvera changée, ainsi que sa situation.

# DES PARTIS EN GÉNÉRAL.

Leur mission dans l'ordre social.— Composition des partis.

Si l'on se transporte en idée au sommet d'une de ces montagnes si élevées, où les premiers rayons du soleil semblent nous découvrir le monde entier, les nations apparaissent alors comme autant de familles occupant un domaine du globe, et formant ensemble une seule nation. Chacun de ces domaines est placé sous une région atmosphérique différente, qui détermine le caractère des habitants de la contrée. Ainsi les qualités et les faiblesses de tel caractère national ne sont plus celles de tel autre. L'ensemble des qualités fournies par ces différents caractères forme l'intelligence universelle, émanation du principe de toutes choses, par laquelle s'accomplira l'œuvre de l'humanité. Chaque nation a donc sa fonction distincte dans l'œuvre collective des humains, comme chaque grand parti a la sienne dans l'œuvre de toute société. Nations et partis doivent alors se demander souvent s'ils accomplissent la tâche qui leur a été providentiellement départie dans la société, comme à chaque individu dans la famille.

Il n'est pas de grand parti qui ne représente quelque idée éternelle se rattachant à la raison universelle dont le foyer est en Dieu. Le travail qui s'opère dans chaque nation par la lutte émulative des idées qu'y défendent les opinions, forme la part de chaque peuple à l'œuvre de l'humanité. Ainsi les partis ont une mission importante : ils répondent au travail social qui résulte des facultés principales et différentes, départies à l'habitant de leur région. Ce n'est donc pas les partis qu'il faut condamner, mais l'abus qui est fait de l'esprit de parti, quand il oublie que l'intérêt social est son but. A ce dernier point de vue, l'esprit de parti est une force subversive ; il travaille à individualiser, à exclure, à détruire, au lieu de rallier et de produire. Les partis sont formés par les idées. Quoiqu'ils agissent souvent en vue de quelques intérêts , et au préjudice de leur idée mère, les idées sont leur âme ; sans elles ils ne pourraient subsister longtemps : les intérêts qui ne sont pas les véritables auxiliaires des idées du parti sont fugitifs; ils n'ont que la valeur de simples faits, les principes seuls sont permanents. Comme notre tendance naturelle est d'exagérer tout ce que nous adoptons en le rattachant à nos intérêts, l'esprit de parti joue le plus souvent un rôle subversif, quoique les idées qu'il représente soient encore une partie de la raison de la société. Les membres d'un parti mettent en commun leurs idées et leurs passions, leurs intérêts et leurs forces pour atteindre un but. Les chefs s'efforcent de prouver dans leur journal que les intérêts défendus par eux répondent à l'idée qu'ils représentent; tâche souvent bien difficile, mais toujours remplie avec habileté, car la plupart des membres se déclarent persuadés, convaincus de la réalité de ce qu'on leur expose. L'assemblage des partis forme ensuite la société politique, où l'ambition commune doit être une modération, une raison générale, dominatrice des exagérations de chaque parti; une raison à la fois conservatrice et réformatrice, assurant l'ordre et le progrès par la juste portion d'influence laissée à chaque idée vraie, à chaque intérêt utile.

Pour apprécier l'action des partis, il est nécessaire d'observer leur composition.

On y remarquera d'abord les membres doctes et sages qui représentent toute la raison relative de l'idée que le parti a pour objet de faire régner [1]. Ils sont ordinairement peu nombreux; et, ce qui est plus regrettable, ils répugnent à s'occuper de la direction active. Amis du calme nécessaire à la culture de la pensée, ils délèguent l'autorité que la confiance publique leur assure, aux intelligences plus superficielles et plus pro-

[1] Nous entendons ici, par raison relative d'une idée, l'application de cette idée conformément aux besoins de l'état social.

pres aux travaux d'action. Ces derniers commencent ordinairement par déférer aux avis des véritables lumières. Mais bientôt enorgueillis par l'importance qu'ils acquièrent, les membres appelés à représenter le parti dans les faits, ne tardent pas à se considérer comme l'âme même des intérêts de leur camp. Alors ils s'émancipent; ils prétendent dominer leurs maîtres, et ils en dominent réellement la volonté, jusqu'à un certain point, en alléguant des difficultés, des nécessités qu'il n'est pas toujours donné aux autres d'apprécier. Entraînés par la lutte à soutenir contre les adversaires, exagérer devient pour eux synonyme de soutenir, consolider, défendre. Justifier le parti, assurer le succès de toutes les prétentions qu'il est amené à formuler, leur semble en toute occurrence un impérieux devoir, devant lequel l'irréprochabilité des moyens serait faiblesse.

Réussir est le but; ce qui n'y conduit qu'en apparence n'est pas moins préconisé s'il donne des satisfactions temporaires. Les partis sont ainsi entraînés à délaisser les intérêts de l'idée qu'ils représentent, soit les intérêts permanents de la société, pour ne s'attacher qu'aux intérêts fugitifs et à la conquête des faits quotidiens. Ils font sans cesse ce qu'ils reprochent avec raison au pouvoir: ils sont eux-mêmes un petit gouvernement qui, dans son étroite sphère, subit toutes les influences dont les ministères d'États sont obsédés. Si les représentants d'une sage application de l'idée qui anime le parti se plaignent d'une déviation par la nature des moyens employés, on leur objecte la nécessité de triompher des idées contraires; et ainsi l'on désarme leur mécontentement, on le réduit à des lamentations sur la difficulté, disons la presque impossibilité, de maintenir un parti dans la ligne rationnelle tracée par le principe ou l'idée qu'il veut représenter.

Cette difficulté n'a pas seulement sa source dans l'exaltation que la lutte détermine. Ce qui la rend plus insurmontable, c'est la quantité d'intérêts individuels qui influent sur le choix des moyens et sur l'attitude. Le travail d'action, celui de polémique, et le besoin de ressources matérielles, amènent dans tous les partis une quantité d'hommes de tout rang, qui n'y cherchent que la satisfaction de leurs propres affaires. Ces derniers finissent par se rendre nécessaires, indispensables même : on est réduit à les subir ; et leur exemple, toujours appuyé de quelque prétexte plus ou moins plausible, excuse, justifie les tendances de chacun à servir ses intérêts particuliers au préjudice de la cause morale qu'on est appelé à représenter.

Voilà donc déjà trois espèces de membres dans la composition d'un parti : les doctes et sages sans capacité d'action, représentant l'idée qu'il doit propager et défendre ; les intelligences portées à la vie active ; et les hommes d'intérêt. On pourrait adjoindre aux seconds, les hommes passionnés, qui n'aperçoivent rien où l'exagération n'agit pas ; la jeunesse sans expérience, que son ardent amour pour le bien absolu, irréalisable parmi les humains, porte à réclamer les dernières conséquences d'un principe, sans apercevoir qu'elle s'en éloigne par cette exagération. Ces deux sortes d'êtres exagérés, toujours assez nombreux si l'on en juge par les désastres continuels que l'exaltation et l'inexpérience causent dans les fortunes particulières, exercent aussi une grande influence déviatrice sur la pensée première, la pensée féconde représentée par chaque parti. Il reste à y signaler la partie la plus nombreuse, celle qui fait souvent beaucoup de mal sans prendre part à rien, sans émettre une seule idée; celle qui, vivant pour elle-même, ne s'intéressant à l'état social que pour la sécurité et les avantages qu'elle en retire, paie sa souscription et se contente du titre d'*indifférent*.

Ce peu de réflexions suffisent pour faire comprendre combien il est difficile d'apprécier la valeur morale de tous les actes des partis. Aujourd'hui, ils ont tous plusieurs organes répondant à différentes nuances de l'idée principale dont ils sont le symbole. Mais dès que ces subdivisions ne présentent plus que l'exagération de l'idée qui règne par le parti, elles ne sont plus que des sectes; elles ne propagent que des idées fausses, ne soutiennent que des intérêts subversifs; on les reconnaît facilement à leurs allures. Chaque camp, expression d'une nuance d'opinion, renferme les éléments que nous avons indiqués. Chacun a quelques bonnes raisons pour ne pas admettre complétement l'opinion des autres; et chacun s'écarte en quelque point de la raison générale de la nation. S'il fallait prouver cette assertion, ce serait facile par les contradictions réciproques que présentent entre eux les organes des opinions ou des nuances d'opinion existantes. Ce fait irrécusable, et commun à toutes les sociétés, est un enseignement qu'on ne saurait trop se rappeler : il dit suffisamment que rien d'exclusif, rien d'exagéré, surtout rien de violent, ne peut être raisonnable dans la défense des idées et des intérêts que représentent les partis, quels qu'ils soient.

# LES CONSERVATEURS.

**Efficacité de leur action. — Leur école de l'ancien régime ; les ultra ; les matérialistes ; les mixtes. — Comment les chefs sont entraînés.**

Les deux grands partis, le Conservateur et le Réformateur, représentent deux idées éternelles, bases de tout ordre social ; ils dureront autant qu'elles. Au-dessus d'eux il n'y a que la raison universelle appelée à pondérer leurs efforts. Si celui qui ne possède rien est porté à soutenir, à exalter les idées de réforme et de changement, celui qui possède est dominé par la pensée de conserver, de protéger. Ces deux tendances contraires ont leur part d'utilité indispensable : le progrès social résulte de la combinaison de leurs efforts.

Rechercher et formuler les conditions de l'harmonie des intérêts de tous dans un ordre social qui se forme avec de nouvelles institutions, c'est une tâche longue et difficile, touchant laquelle bien des illusions seront prises pour la réalité avant d'arriver à quelques résultats sérieux. Le pouvoir l'élude malgré soi, surtout lorsque les nécessités quotidiennes du gouvernement absorbent seules tous ses efforts : avant de réformer il doit faire vivre. S'en tenir aux vieilles coutumes accommodées aux exigences que les faits viennent imposer, c'est ce que les hommes qui ont mission de conserver se croient conseillé par la prudence. Ils savent que le progrès social est laborieux, lent et pénible, et que la stabilité des institutions fondamentales en est la première condition. Si les intelligences les plus préoccupées à chercher un remède aux maux du corps social dans un progrès hâtif, étaient souveraines, elles appliqueraient leur première idée réformatrice, puis la seconde, et ainsi de suite, jusqu'à la centième, qui est à peine souvent bien appropriée aux besoins. Durant les longues années nécessaires à ces épreuves, le pays serait tenu dans un trouble matériel qui rendrait tout progrès impossible. L'élément ultra-conservateur représente la tendance contraire. Il ne cède aux réformes qu'après les avoir vues régner dans les esprits, et s'imposer par la force naturelle des situations. La liberté de penser et d'écrire, la puissance de l'esprit public et les droits de la représentation nationale, garantissent au progrès des moyens irrésistibles de propagation. Il sera plus fort sous le régime de liberté que tous ceux qui voudraient lui résister, dès que les règles qu'il prescrit seront proclamées. Il devra plutôt craindre alors d'être trop puissant, de troubler par son influence la stabilité indispensable à tout progrès. Sous le régime de liberté, l'esprit conservateur devient le palladium de l'harmonie sociale au lieu d'en être l'obstacle. Il ne serait nuisible que s'il persistait à maintenir les moyens de gouvernement employés en vue du soutien de principes contraires, s'il se refusait à la pratique sincère du gouvernement représentatif. Sans doute si l'opinion publique, lassée par une résistance exagérée des tendances ultra-conservatrices, était amenée à rendre cette dernière responsable du trouble de l'état social, un tel résultat serait le pire de tous.

Toutes les déplorables conséquences qui suivent immédiatement l'exagération des idées d'indépendance ou de progrès, apprennent au peuple à s'en défier ; elles sont un enseignement vivant ; elles portent avec elles, en ce sens, quelque compensation du mal qu'elles causent ; elles en montrent au moins le remède. L'abus du principe conservateur aurait, on ne peut le méconnaître, un effet plus désastreux. En retenant le pouvoir, il décrédite les principes qui sont le palladium de l'ordre ; il prépare une réaction périlleuse. En le perdant, il abandonne le pays à l'entraînement de cette réaction que rien ne peut modérer de longtemps ; c'est le mal devenu légitime par l'abus du bien ; c'est le renversement des principes ; c'est la subversion de toutes les idées.

Mais, pendant la transition d'un régime à un autre, il est naturel que l'autorité ne se dessaisisse pas spontanément de tous les moyens jusqu'alors en usage, malgré le trouble que cette circonstance peut déterminer. Le pouvoir ne peut lâcher les rênes d'une main que lorsqu'il s'est exercé suffisamment à conduire de l'autre. C'est au pays à l'aider dans ce travail, à le lui rendre plus tôt facile. Tout ce qui tend à retarder ce moment est cause de la continuation du trouble causé par l'incohérence des moyens et des principes, et le pays peut en être plus responsable que le pouvoir.

Sous la Restauration, les ultra-conservateurs de notre régime étaient les réformistes. Ils luttaient contre le parti des rétrogrades, soutenu par la coalition du Pouvoir et de l'Église, coalition au milieu de laquelle la liberté était représentée sans cesse par un nom illustre, révéré de la nation entière, celui de Châteaubriand.

La France, lassée des changements politiques qui la troublent depuis cinquante années, en traçant péniblement le sillon où doit s'enrayer le char du progrès social, la France veut assurer sa conquête de liberté avant de chercher à l'étendre en risquant de la compromettre : telle est la pensée que le parti conservateur se propose de pratiquer par la persévérante énergie qu'il déploie. Sans doute, pour lui comme pour tous, le pouvoir est un honneur qui le flatte. Mais on ne peut méconnaître que s'il a l'ambition de le posséder, il a aussi celle de sauvegarder, même aux dépens de sa popularité, les institutions qui sont la base de tous les progrès que nous attendons. C'est par la fermeté et le dévouement de cette opinion, que le pays est sorti vainqueur de certaines crises, qui, dans l'état de l'Europe, pouvaient ramener le despotisme par l'anarchie! A ce point de vue, le parti conservateur rallie assurément l'immense majorité de la France, tous ceux qui attendent le progrès social d'une pratique sincère des institutions actuelles.

Mais la pensée générale de ce grand parti, pensée qui n'exclut point le progrès, au contraire, se modifie et s'exagère par l'application qui en est faite, plus ou moins, selon les maximes de différentes écoles formées par ses adhérents.

On ne saurait contester qu'à l'avénement du règne actuel, une partie des citoyens qui ont formé spontanément le grand parti conservateur ne pensaient pas qu'on pût pratiquer immédiatement, en toute sincérité, le gouvernement représentatif, selon les principes invoqués après la Révolution de 1830. Dans leur conviction, le pays n'était pas encore prêt pour de telles réformes. En cédant à l'opinion plus avancée, ces conservateurs comptaient sur l'habileté des gouvernants pour échapper aux conséquences dangereuses qui pourraient résulter de l'exercice de droits politiques, selon eux, prématurément concédés. Cette pensée était naturelle et patriotique dans la conviction de ceux qui la formulaient. Jusqu'alors, les maximes fondamentales du pouvoir n'avaient été, en France, qu'une modification de celles des gouvernements plus ou moins despotiques de l'Europe, lesquels considèrent le peuple comme un enfant qu'il faut amuser, tromper même en vue de son bien, pour le tenir dans le repos nécessaire au maintien de l'ordre. *Panem et circenses*, disent-ils comme au temps de la décadence romaine, voilà ce qu'il faut aux populations.

On ne peut s'étonner qu'en 1830, et de nos jours encore, des hommes élevés sous un régime si différent du nôtre, et attachés aux traditions comme aux principes conservateurs, aient pu croire au maintien partiel des doctrines que nous venons de rappeler. Les hommes d'État les plus célèbres aujourd'hui dans l'Europe continentale n'en pratiquent pas d'autres. Ce qui s'est passé en Angleterre est peu apprécié, peu applicable au continent. La France était en 1830 le seul royaume important qui y jouît du régime de liberté; elle n'avait fait encore qu'un pas dans cette voie. Ce qui faisait la garantie des autres gouvernements devait naturellement y avoir à-peu-près le même mérite au point de vue des doctrines ultra-conservatrices. L'expérience n'avait donné aucun enseignement définitif. Et si nous, hommes du nouveau régime, nous demandons à ces doctrines la transformation dictée par le temps, c'est que les épreuves nous ont instruits. Si notre carrière eût commencé trente ans plus tôt, nous aurions peut-être cédé aux mêmes tendances, n'hésitons pas à le reconnaître.

Il est encore une raison qui doit nous faire trouver naturel qu'un grand nombre des hommes de l'ancien régime restent attachés aux vieilles coutumes des gouvernements, et fassent des prosélytes pour des doctrines mixtes. Ils s'aperçoivent peu des progrès accomplis dans les idées; ils restent presque étrangers à la transformation qui s'opère par la nouvelle génération, ou ils n'en pénètrent pas complétement l'esprit; ils remarquent avec inquiétude les exagérations contraires des différents partis, et le trouble de la société; la conduite de l'Opposition, qui fait souvent leur force, leur dit assez que les mœurs politiques ne sont pas encore formées en France. A ce point de vue, on peut même comprendre comment le pouvoir, qui n'a pu encore régler ces agitations diverses par la formation régulière de l'esprit public ou par l'influence de la raison du corps social, recourt, à quelques égards, aux vieilles coutumes pour dominer l'agitation des idées. Il n'a pu encore reconnaître précisément quels moyens de direction réclame la nouvelle situation faite au pays. S'il les pressent, ces moyens, il n'en apprendra l'usage, la puissance, que peu-à-peu ; et en attendant il a besoin d'une action efficace. Car cette situation transitoire cause un trouble d'autant plus grand, que le peuple ne pouvant comprendre les nécessités du pouvoir, croit apercevoir dans les anciennes mesures encore employées une pensée de retour vers l'ancien régime : c'est du moins ce qu'on lui suggère ; et cependant il n'en est rien. Il s'agit seulement d'une épreuve ; il s'agit de subsister avec l'ordre, en attendant que peuples et gouvernements aient reconnu les règles à suivre dans l'exercice des droits et des devoirs qu'ils doivent pratiquer : c'est un temps d'incohérence inévitable ; il sera plus ou moins long, selon le dévouement mutuel qu'on apporte à en hâter le terme. Voilà comment on peut expliquer, ce nous semble, les tendances ultra-conservatrices qui se sont manifestées dès l'avénement du nouveau régime, et le recours à des moyens qui ne semblent pas être la pratique véritablement sincère du gouvernement représentatif.

Les ultra-conservateurs étaient dans cette disposition; ils appréhendaient les conséquences de la pratique des nouveaux droits politiques, lorsque les passions dangereuses exaltées par la révolution de 1830 recoururent à des tentatives anarchiques et jusqu'à des moyens infernaux de lugubre et poignante mémoire, pour faire triompher leurs idées. Dès lors, l'opinion conservatrice a naturellement donné plus de valeur à ses appréhensions, plus de mérite à ses réserves. C'est alors qu'elle s'est fait un devoir de combattre toutes les tentatives qui auraient pour objet d'accroître des libertés dont l'usage devenait si dangereux. L'ordre social placé dans un péril imminent vint justifier à la raison de tous les conservateurs, c'est-à-dire à la grande majorité, les moyens de répression préventive les plus propres à prévenir le retour de tels événements, subversifs de tout ordre social. La législature les concéda : elle ne pouvait les refuser en de telles circonstances, sans encourir la plus terrible des responsabilités. Entre l'ordre et l'anarchie il n'y a pas de terme moyen ; le doute sur l'efficacité des mesures ne peut être admissible : c'est le cas ou jamais d'appliquer la maxime *Salus populi suprema lex.*

## I.

Les ultra-conservateurs, représentant un intérêt aussi universel que le maintien de l'ordre et un principe aussi bienfaisant que la liberté modérée, n'auraient jamais été l'objet de récriminations si générales, s'il ne s'était formé ou glissé dans leur sein une secte que l'on trouve malheureusement dans chaque parti, et que nous appellerons, sans la calomnier, la secte des *politiques matérialistes.*

Fatalistes par système, ils n'ont de foi qu'en la force matérielle. A la vue des difficultés que le régime de liberté présentait au pouvoir dans une société dont les mœurs politiques ne sont pas formées, ils ont nié la puissance morale et formulé une doctrine qui associe Machiavel à l'application du gouvernement représentatif. C'est par l'audace et la ruse qu'ils ont voulu contenir l'Opposition. Leurs maximes sociales sont trop étranges pour être rapportées. Ajoutons seulement que si la religion n'est au fond pour eux qu'un *instrumentum regni*, ils sont ordinairement en bons rapports avec les disciples de saint Ignace[1].

[1] Un écrivain conservateur, dont les vues élevées ont été appréciées de tous, M. Eugène Forcade, s'exprimait ainsi dans un article remarquable, intitulé : *les Jeunes Conservateurs*, et publié dans la *Revue Nouvelle*, du 15 juillet dernier.

« . . . . . Nous espérons que ces tristes accidents ont démasqué à ses yeux (ceux du parti conservateur) l'imprudence des expédients que les faux habiles lui ont trop souvent conseillés. Nous espérons que nous avons assisté à la liquidation définitive d'un système soi-disant utilitaire. Nous espérons que cette expérience délivrera à jamais le parti conservateur des dangereux services et de la hideuse importance de ces agents subalternes, de ces espèces de domestiques qui usurpaient l'héritage de ceux

Faire comprendre tout le préjudice que cette secte a causé au parti conservateur serait difficile. Exclusive à l'extrême, elle s'est attachée à éloigner du gouvernement les hommes nouveaux qui s'en approchaient avec des convictions consciencieuses et indépendantes. Poursuivre comme des utopistes ou des niais tous ceux qui n'ont pas voulu se soumettre à leur école; les déconsidérer à d'autres égards, pendant qu'elle protégeait, préconisait hautement *quiconque* se déclarait ses adeptes, telle a été l'une des œuvres de cette secte, et l'une des principales causes qui ont éloigné du pouvoir cette foule d'hommes de cœur autant que d'intelligence, que l'on s'étonne

que l'ancien régime redoutait, achetait et méprisait sous le nom de : « valets intérieurs »; de ces coulissiers de la politique, de ces brocanteurs du journalisme qui prêtent leur plume à la petite semaine; de ces scribes qui ont introduit dans la presse le métier de Madame Ressource. »

de voir se vouer à rendre impossible la tâche du gouvernement. Si parfois ces derniers se sont laissés aller à des attaques téméraires contre quelques chefs éminents du parti conservateur, c'est que les conservateurs matérialistes, lorsqu'ils discutent leurs doctrines de vive voix, ne craignent pas d'en faire remonter la solidarité jusqu'aux gouvernants qu'ils servent ; c'est qu'ils vont parfois jusqu'à dire, quand on leur objecte un respectable langage de tribune ou de doctes écrits : « *Simulacre nécessaire : notre doctrine c'est la leur.* » Ils disent plus encore.

La fermeté et l'ardeur, l'habileté et l'audace, autant que la sincérité de la plupart des membres de cette secte, lui donnant les allures de valeureux défenseurs, la guerre incessante faite au pouvoir fit considérer leur appui comme nécessaire : ils ont été pour les Conservateurs ce que l'esprit des jésuites est pour l'Église. De là, les défiances extrêmes, l'acrimonie des récriminations adressées au pouvoir, même par ceux qui ne s'abusent pas sur le néant d'un grand nombre des griefs articulés par l'Opposition.

La secte des *matérialistes* a causé un autre préjudice grave au parti conservateur. Si la répulsion qu'inspirent ses doctrines ne lui a pas permis un très-grand nombre de prosélytes, elle a cependant exercé dans les régions administratives une funeste impression sur des esprits moins ardents, plus faibles ou plus circonspects. Cédant à un scepticisme trop général de nos jours, ces derniers, en repoussant le côté hideux des doctrines matérialistes, ont cru faire de la vertu en formulant un système mixte où le décorum et la dignité trouvent leur garantie dans les formes adoptées. Cette seconde école a rallié une partie de la jeunesse d'un monde qui prétend se poser comme l'aristocratie du nouveau régime. Indifférents pour les intérêts sociaux, les hommes de cette école ont une souplesse qui plaît au pouvoir. Ils ne voient que par ses yeux. Près de lui, les objections qu'ils se permettent ont elles-mêmes, malgré tout désir d'impartialité, le caractère de l'apologie. Et ainsi se dispensant des études pénibles que le nouveau régime impose à tous, les agents du pouvoir deviennent, à leur insu, le premier obstacle aux vues régénératrices des gouvernants.

Insensiblement on est allé si loin sous l'influence de cette disposition, que nombre de hauts fonctionnaires, à l'intérieur comme à l'extérieur, croient devoir borner leurs préoccupations aux affaires qui intéressent l'existence du Cabinet. Témoin la réponse faite à une réflexion de ce genre par un diplomate d'ailleurs fort estimé : « *Je laisse les utopistes se préoccuper des intérêts permanents : je crois avoir beaucoup fait, quand j'ai pu défendre ceux du jour* [1]. »

La situation politique se trouve presque expliquée par de tels faits, quand on s'arrête à considérer les difficultés extrêmes soulevées sans cesse contre le pouvoir. Les intérêts du jour, voilà ce qui préoccupe ; les vieux moyens de gouvernement, voilà ce que la nécessité impose, et ce que l'on est réduit à préconiser. Et cela, pendant que la société se reforme sur de nouvelles bases, récla-

1 L'homme d'État (ultra-conservateur), auteur de *La Présidence du Conseil de M. Guizot*, dit, page 365 :

« . . . . . Sauf quelques honorables exceptions, l'école des fonctionnaires de Juillet a été détestable au point de vue des idées, des mœurs et des opinions : elle est surtout privée du sens moral de l'autorité. »

mant l'emploi de moyens issus des principes nouveaux par lesquels elle se constitue.

Tels sont, en rapide analyse, quelques-uns des écueils que le parti conservateur nous semble avoir rencontrés dans son propre sein. Puisse-t-il les reconnaître et les écarter. Le monde administratif formé depuis 1830 sous l'influence déplorable de la polémique que le pouvoir a soutenue, l'a entraîné parfois hors des voies que lui tracent ses principes, et loin de la réalisation des pensées de ses chefs. Le parti conservateur n'aperçoit que confusément les actes de ce personnel dont l'appréciation échappe même aux gouvernants. C'est là qu'il faut se hâter de porter la réforme. Le nombre des fonctionnaires attachés aux saines doctrines est encore assez considérable dans toutes les branches de l'administration pour qu'un remède efficace soit possible. Il est temps d'arracher les fonctionnaires à ce doute, à cette crainte de se compromettre, qui, aujourd'hui sous tel chef, demain sous tel autre, ne leur permet pas d'avoir la conscience de leurs devoirs, et de se persuader que ce qu'ils doivent aux gouvernants ne saurait être contraire à ce qu'ils doivent aux intérêts permanents du pays, en dehors de la soumission obligée et rigoureuse que comporte l'exercice de leurs fonctions.

Dans la capitale, au milieu du tourbillon des affaires publiques, de l'entraînement de la lutte non interrompue que le pouvoir doit soutenir, il est difficile de reconnaître les dangers que nous essayons de signaler. La plus mauvaise cause a toujours une raison plausible à présenter. Comment les champions des systèmes qui s'étayent des vieilles doctrines ne trouveraient-ils pas mille arguments de justification dans les nécessités impérieuses que la situation fait aux gouvernants? Nous en avons eu récemment une preuve dans la publication d'un ouvrage politique où l'on indique, très-consciencieusement, un retour vers le despotisme comme le vrai moyen d'échapper au trouble moral qui nous envahit.

Sans cesse dominé par la multiplicité et par l'importance des affaires, tout ministre d'État est placé au milieu d'un entourage dévoué auquel il a besoin de se confier. Là, chacun lui explique les faits dans le sens du système adopté; chacun a des preuves à l'appui de telles narrations; chacun est porté à dissiper les défiances que le ministre pourrait avoir de lui-même. Comment s'étonner qu'il n'aperçoive pas les dangers parfois évidents pour ceux qui se trouvent placés dans une atmosphère politique toute différente? Les autres chefs du parti conservateur ne peuvent guère échapper à la même influence. Moins initiés aux secrets des affaires, il est encore plus facile de justifier auprès d'eux les actes qui leur avaient paru regrettables. C'est ainsi que le député de la majorité, qui entre dans un ministère avec la ferme résolution d'y faire de sérieuses représentations, trouve dans chaque bureau un argument propre à le désarmer. Il s'y trouve seul de son opinion. C'est déjà fait pour le décourager, le dissuader. Arrivé au Ministre, une inexactitude dans les particularités qui se rattachent au fait articulé devient un sujet de discussion. Le député s'y trouve en défaut ; on conclut de là contre les inductions tirées du fait principal. Si le député insiste, quelque chef de bureau aura tout prêt un fait significatif propre à le réfuter de nouveau ; s'il persiste encore, un tableau inquiétant des difficultés et des adversaires dont le cabinet est entouré finit par lui persuader que, s'il exige un tel puritanisme, le ministère est désarmé, son existence sera compromise au premier échec. A cette déclaration, le mandataire du parti conservateur s'arrête. Donner par ses exigences le pouvoir à l'Opposition, dont il connaît l'impuissance, est une faute grave qu'il ne peut commettre. Sa conscience va jusqu'à se reprocher une défiance puérile, un manque de dévouement au système qui, après tout, se dit-il, est le meilleur que les circonstances permettent. Sous cette impression, il quitte le Ministre, presque contrit de sa démarche; il s'efforce de la racheter par les témoignages d'estime qu'il prodigue en sortant au fonctionnaire qui vient de l'endoctriner. Ce dernier rentre dans son bureau en s'écriant : « Voilà encore un député de morigéné ! le Ministre est débarrassé de celui-ci pour longtemps. En vérité, ces députés de la province sont fort plaisants avec leur puritanisme ; ils croient qu'on peut gouverner la France avec de la sincérité et de l'influence morale, comme on gagne le prix Monthyon par des actes de vertu. »

Et tout cela s'accomplit avec une entière sincérité. Chacun croit que la vérité est avec lui ; qu'il n'y a rien de mieux à faire ; que tout est justifié par le maintien de l'ordre matériel, et qu'il serait difficile d'accomplir plus rigoureusement son devoir.

Changez les gouvernants, vous ne changerez pas cette situation, cette faiblesse des efforts humains pour pratiquer la science complexe du gouvernement. Dans un sens avec les Conservateurs, dans un autre avec les Réformistes, il y aura toujours l'entraînement des tendances et celui de l'entourage à déplorer. Mais ce que l'on peut, ce qui doit rallier tous les efforts, c'est la nécessité de réduire les difficultés qui entourent le pouvoir, en proclamant les règles propres à former de bonnes mœurs administratives. Le concours émulateur de tous les partis aidera à réaliser cette œuvre ; toute régénération politique en dépend.

## II.

Ce qui précède explique dans quel sens le parti conservateur se considère comme la pierre de l'angle relativement à notre ordre social. Nul ne saurait contester que c'est par lui que le gouvernement représentatif sera complété et amené à la pratique véritablement sincère qui doit établir l'harmonie de tous les intérêts sous le régime de liberté. Cette mission devient évidemment la sienne dès qu'on observe que, si l'opposition à l'aide des réformes qu'elle annonce devait rencontrer d'abord moins de difficultés pour gouverner, il est constant que les moyens qu'elle a proposés ne seraient pas un remède aux maux que l'on déplore ; et que bientôt ses vues les plus libérales, qui ne forment point encore une doctrine de gouvernement complète, accroîtraient les difficultés de la situation.

A part la réforme parlementaire consciencieusement exposée par M. Duvergier de Hauranne, à part quelques mentions laconiques des devoirs, aites par M. Odilon Barrot, l'opposition proprement dite n'a pas formulé les règles qui peuvent garantir le système réclamé par le nouveau régime. Sans préciser encore ce que la situation exige pour l'avenir, les autres partis proclament sans cesse que l'Opposition est encore plus impuissante que les gouvernants actuels : là est tout le secret de la puissance des ultra-conservateurs ; on l'a dit et écrit déjà bien souvent.

Si l'on considère l'esprit des ouvrages historiques et politiques de l'homme d'État qui dirige nos affaires avec des collègues de son choix ; si l'on remarque que les écrits de cet homme d'État sont la source inépuisable d'où sont tirés les arguments à l'aide desquels on prétend condamner son mode de pratiquer le gouvernement représentatif ; si l'on tient compte des circonstances passées de l'intérieur et de celles de l'extérieur, ainsi que des difficultés inouïes que rencontre le gouvernement, il sera sans doute difficile de s'étonner de l'appui que trouve aujourd'hui le pouvoir chez un grand parti d'hommes prudents, qui, dans un temps où personne ne présente des réformes efficaces, met au-dessus de tout le maintien de l'ordre matériel jusqu'à ce que l'on ait formulé la doctrine appelée à féconder le nouveau régime.

Dans une telle situation, le reproche le plus grave adressé aux ultra-conservateurs, c'est qu'ils se déclarent satisfaits de la situation. Cette assertion ne repose que sur un fait mal apprécié; elle est au fond une calomnie. Se déclarer satisfaits de certaines explications, n'est pas approuver toute une situation. Dans l'ordre politique, les mots et les faits n'ont point toujours leur valeur nominale. L'appréciation du mobile qui les dicte et de la fin qu'on leur attribue peut seule en déterminer le sens. Certainement le pouvoir et le parti conservateur sont mécontents des résultats de leurs œuvres. En le déclarant avec franchise dans plusieurs de leurs organes, ils ont accompli un devoir fécond en enseignements utiles; ils ont donné à tous les partis un exemple salutaire; ils ont mérité que l'on attende avec confiance leurs prochains travaux. Mais ce dont il faut les désabuser, c'est de croire *que plus d'activité dans le pouvoir, plus d'aplomb, de direction, de discipline dans la majorité, moins de tendance à satisfaire ses fantaisies,* peuvent suffire pour remédier au mal qui nous préoccupe : ce serait là une funeste erreur.

Il ne faut pas s'abuser sur le maintien du système actuel. Ce n'est pas *l'abus des influences* qui lui a valu *cent voix* de majorité dans les dernières élections; ce n'est pas cet abus qui le soutient; au contraire, il a fait sa faiblesse devant le pays; il a engendré toutes les défiances, les récriminations qui ne sont pas dictées uniquement par l'esprit de parti. Ce qui domine la situation, ce qui fait la force des ultra-conservateurs en ce moment encore, c'est le besoin universellement senti de ne pas subir les mauvaises chances d'un changement d'administration, avant d'avoir formulé un système non pas seulement nouveau mais efficace. Le pays est las, avec raison, de ces changements de personnes qui n'améliorent rien et troublent tout. Il ne veut plus se risquer pour des intérêts individuels; il attend que les partis formulent les règles précises en vertu desquelles ils gouverneraient; et non plus de ces programmes illusoires, de ces déclarations de principes qui servent à appliquer tous les systèmes. Mais chaque parti reste muet sur ce point, et s'évertue à récriminer contre les gouvernants; le pays souffre, patiente et maintient le pouvoir aux Conservateurs : n'est-ce pas un appel fait à la raison et au génie des partis?

## LES CONSERVATEURS PROGRESSISTES.

**Leur part d'action. — Puissance du parti conservateur quand il rallie tous ses éléments. — Tendances dangereuses auxquelles il lui est difficile d'échapper. — Résumé.**

Tout ce que nous avons dit de l'opinion conservatrice, en général, s'applique naturellement aux conservateurs-progressistes. Ils sont la jeunesse studieuse et l'avenir de ce grand parti; leur crainte est de le voir chercher dans l'immobilité un remède au trouble qui s'est déclaré.

Sans attacher aux réformes politiques demandées plus d'importance qu'elles n'en ont, ils auraient peut-être fait quelques concessions en ce sens aux partis qui représentent la Réforme, pour leur enlever un prétexte et les instruire par l'expérience [1]. Mais ce qu'ils sollicitent avec une honorable persistance, ce sont les réformes administratives que plusieurs d'entre eux ont formulées avec une connaissance approfondie des besoins du pays. Le reproche sérieux adressé aux progressistes par les ultra-conservateurs, c'est d'avoir formulé ces réformes dans un sens défavorable à la majorité qui gouverne et dont les

[1] L'homme d'État (ultra-conservateur), auteur de *La Présidence du Conseil de M. Guizot*, dit lui-même, page 309, au sujet de la réforme électorale :

« . . . . . On peut, on doit faire quelque chose pour satisfaire l'opinion, mais rien au-delà. »

progressistes font partie. Ces derniers ont pour excuse d'avoir insisté amiablement, pendant longtemps, et d'avoir trouvé toujours la même indifférence pour leurs propositions, quelquefois même des interprétations injurieuses. Persuadés que la majorité se compromettait en cédant à l'immobilité, ils ont fait explosion, se disant : notre protestation sera toujours faite au bénéfice des principes conservateurs.

Tout ceci n'eût point paru trop regrettable au pouvoir et à la majorité, qui n'y trouveront en définitive que de la force, si un nombre considérable d'incidents n'étaient venus dans le même moment exciter l'hostilité de l'opposition systématique. En cette occurrence, l'attitude des progressistes est devenue d'autant plus gênante pour la majorité, que, blessés dans leur dignité, ils ont cédé au ressentiment; et l'acrimonie de leur langage, quoique dictée par des motifs très-spéciaux, a été, pour un public peu habitué à réfléchir, comme l'approbation de l'hostilité systématique d'autres partis. C'est alors que les ultra-conservateurs se sont récriés hautement. Ils ont dit aux progressistes : En vous cédant dans l'attitude que vous avez prise, ce ne sont plus les conservateurs qui accompliraient les réformes que vous demandez ; ce sont les doctrines que nous combattons qui obtiendraient un triomphe par votre appui : plus que jamais nous devons résister.

Ces considérations aident à faire reconnaître que les motifs d'ambition, d'égoïsme, auxquels l'esprit de parti se plaît à tout attribuer, ne sont point toujours les mobiles déterminants ; mais que les principes ont leur logique, leur devoir irrécusable, qu'il faut pénétrer pour apprécier la conduite des majorités et des gouvernants. Pour que les principes puissent accomplir tout le bien dont ils sont susceptibles dans le jeu des institutions représentatives, il est des moments où ils peuvent être contraints de repousser ce qu'ils ont pour devoir de réaliser ; à défaut de quoi ils ne feraient que travailler au bénéfice des doctrines qu'ils combattent comme dangereuses. Ainsi l'opinion conservatrice pourrait présenter spontanément aujourd'hui des réformes plus importantes que celles qui lui ont été demandées à la dernière session ; elle les présenterait au bénéfice de ses idées. Tandis que le contraire fût arrivé si elle les eût laissé enlever par une majorité formée de défections sorties de son sein. Cela résulte de ce que, sous le régime de liberté, les majorités devant représenter les principes, si elles accordaient par faiblesse aux prétentions de leurs adversaires le moyen de s'ériger en majorité temporaire ou factice, on égarerait, on fausserait l'opinion publique. C'est à ce point de vue que l'exercice des droits est aussi important que la pratique des devoirs. L'opinion publique ne tient pas, ou tient très-peu compte de ceux qui s'abstiennent. Elle n'admet jamais que l'on agisse contrairement à sa conviction. Ce que la majorité décide, devant être pour elle l'opinion du pays, devient à ses yeux ce qui est utile, ce qui est vrai. Aucune opinion ne saurait donc, sans faillir à son devoir, céder aux autres l'exercice des droits qui lui appartiennent. Voilà ce qui explique certaines rigueurs des chefs de l'opinion conservatrice, lesquels connaissent par expérience les conséquences de l'action des majorités.

On ne saurait voir dans cette théorie la justification de l'exclusivisme à l'égard des réformes proposées par les partis qui se placent en dehors de la majorité. Il ne s'agit point de repousser toutes les idées qui ne viennent pas de son camp, mais de ne pas fournir aux doctrines que l'on croit devoir combattre, les moyens de se poser comme aussi puissantes que les siennes. L'indifférence, à ce sujet, serait l'oubli de ce qu'imposent les droits politiques; car nul ne doit professer une opinion avant d'avoir recueilli tous les enseignements à même de le convaincre que cette opinion est la meilleure. Dès lors, il doit au pays de travailler loyalement, dans la limite tracée par les lois, mais sans indifférence et sans faiblesse, au triomphe de cette opinion. La conduite semblable des autres partis établit l'équilibre nécessaire.

Si les considérations qui précèdent peuvent

expliquer les rigueurs de l'opinion ultra-conservatrice envers les progressistes, elles ne la justifient pas de résister trop longtemps aux avertissements utiles, aux représentations qui ont pour objet d'arracher à l'influence de l'entourage, aux tendances d'exagération si bien exprimées par cette parole d'un chef éminent des conservateurs : « *On ne tombe jamais que du côté où l'on penche.* »

Les progressistes ont une action constante et indispensable à exercer sur l'opinion conservatrice. Ils sont la voile du navire dont les ultra sont le lest. Ils sont une partie intégrante de la seule opinion qui rallie tous les éléments de stabilité et de progrès, nécessaires à l'œuvre d'une grande nation. Ainsi constituée, avec un élément progressif distinct, l'opinion conservatrice est à elle seule une société complète, ce qu'aucun autre parti ne peut prétendre. Il lui reste à régler les rapports de ses différents éléments, pour qu'au lieu de divisions, tout se borne chez elle à une émulation féconde, propre à l'éclairer sur la grande mission qui lui est départie au milieu de la France, et qui exige la respectable fermeté du magistrat, aussi bien que l'activité prévoyante du réformateur.

Les Conservateurs ont plus d'écueils à éviter dans l'exercice du pouvoir que les autres partis; et, ce qui paraîtra peut-être étrange au premier aspect, c'est parce qu'ils sont plus nombreux, parce qu'ils sont la grande majorité du pays légal à eux seuls. L'esprit de corps ou de parti, la communauté d'intérêts, moteurs entraînants auxquels on ne peut se soustraire, leur apparaissent, vu leur nombre, comme la pensée, l'intérêt du pays; ce qui fait qu'ils sont peu portés à craindre de s'y abandonner, et par suite de les exagérer. Avec plus de confiance encore qu'un grand roi, ils se prennent à dire : *Nous, c'est la nation!* Ceci ne prouve rien contre le danger de leur entraînement. La presque totalité d'un peuple peut céder à une impulsion dangereuse; elle n'en fait pas moins une faute, puisqu'elle se nuit. C'est pour cela que chaque engouement national détermine une réaction : c'est l'aveu de l'erreur. Ce qu'il est important de remarquer, c'est que plus un parti est nombreux, plus il est porté à s'abandonner aux entraînements de son système, plus il est excité à y persévérer malgré les avertissements les plus significatifs. C'est là un danger que n'a pas l'engouement national, lequel, étant désintéressé, revient aussitôt que l'expérience parle; tandis que le parti s'efforce, et doit naturellement s'efforcer, de justifier toute l'application de son système ; il lui est difficile de faire amende honorable, d'abord parce que cette démarche lui semble le renoncement de sa puissance, ensuite parce qu'il ne peut, sans cesser d'être un parti, manquer de confiance en sa doctrine. C'est ainsi que les tendances conservatrices, portées jusqu'à l'exagération, deviennent une cause de trouble, de démoralisation, par l'hostilité qu'elles font éclore ; c'est ainsi qu'elles amènent le peuple à chercher le remède de ses maux dans l'extension des droits politiques ; de même que l'exagération du principe réformateur ramène au despotisme par la tutelle hardie de quelques tribuns.

Entre ces deux extrêmes, la vérité n'est pas dans une modération vacillante, s'autorisant partout de la maxime : *De deux maux le moindre.* Il n'y aurait dans cette conduite que la sagesse de la crainte pour mobile, et l'œuvre du hasard pour résultat. La pondération de ces deux principes ne peut être déterminée que par la raison, la nécessité relative des situations. Voilà ce qu'il faut préciser; c'est le *tu autem.*

Les conservateurs et le pouvoir sont deux choses que le pays confond de nos jours. Par suite de leur mission et de la puissance que leur donne le nombre, les Conservateurs doivent être, par la dignité constante de leur attitude, autant au-dessus des autres partis, que le pouvoir doit se trouver supérieur à tout par la respectabilité de ses actes. Toute la puissance de l'opinion conservatrice est dans la force du raisonnement, dans une loyauté irréprochable, dans un désintéressement personnel exemplaire. Si ses organes se laissent aller aux allures de l'opposition, cette audace, trop heureuse souvent chez cette dernière, aura pour eux un effet contraire : on dédaigne ou on soutient l'exaltation des faibles; on s'indigne contre celle de la puissance. Sous le régime de liberté, l'antipathie, motivée par la défiance, rend inhabile à s'occuper du bien public; elle est un obstacle insurmontable au respect sans lequel l'action de l'autorité rencontre à chaque pas des difficultés qui paralysent ses meilleures intentions, et ses plus justes comme ses plus puissants efforts.

Pour conclure, touchant les partis en général et les Conservateurs en particulier, nous dirons :

Les partis sont nécessaires; ils ont leur mission providentielle dans chaque société, comme chaque nation a la sienne dans l'œuvre collective de l'humanité. L'opinion conservatrice, éclairée sur les conditions du régime actuel, est la pierre de l'angle de notre ordre social. Les différentes écoles qu'elle renferme, et qui sont issues de l'ancien régime, se dissoudront dès que la doctrine politique qui répond aux besoins de notre nouveau régime sera formulée, et dès lors ce parti sera le véritable palladium du progrès. A ce point de vue général, l'exagération du principe conservateur est moins dangereuse pour la France que celle des idées de liberté. La raison du pays ne peut le méconnaître. Les ultra-conservateurs tirent leur force de l'insuffisance des réformes proposées par les autres opinions, et des intentions indéniables de leurs chefs. Les conservateurs progressistes forment l'élément transformateur de ce parti; ils en sont l'avenir. Leur action ne doit pas tendre à affaiblir, à diviser la majorité, mais à l'éclairer et à la déterminer.

## LES RÉFORMISTES.

Ce qu'ils veulent. — De l'extension des droits politiques en général. — Ce qu'on peut en attendre dans l'état de nos mœurs.

*Persuadés que notre monarchie constitutionnelle a profondément dévié*[1], les Réformistes provoquent une agitation générale en faveur de la réforme électorale, dans le but de ramener le

[1] Paroles de M. Odilon-Barrot. Discours prononcé au Banquet de Meaux. (Septembre 1847.)

pouvoir à la pratique sincère du gouvernement représentatif. Mais à leur suite, sous la même bannière, se placent les opinions radicales qui, à l'aide de ces circonstances, présentent cette réforme comme un remède souverain pour tous les maux de notre état social.

Jusqu'à ces derniers temps, le pays s'était montré assez indifférent ou assez raisonnable touchant l'extension des droits politiques. On peut regretter, sans, doute, que cette modération n'ait pas subsisté jusqu'à ce que les règles de la pratique du gouvernement représentatif et les mœurs du régime de liberté fussent plus généralement admises et pratiquées. Il n'en a pas été ainsi : la faute en est peut-être aux tendances ultra-conservatrices.

Pour modifier un système d'administration, les Réformistes ont cru devoir appeler le pays à réclamer des changements importants dans les lois qu'un illustre député, réformiste très-avancé, appelle *les dynasties de la souveraineté nationale*[1], après avoir dit : *les libertés dangereuses sont celles que le peuple arrache*[2]. Cela est fort grave, on ne peut le nier, parce que le pays se voyant dicter de telles réclamations par les hommes sérieux, qui déclarent *ne se faire réformistes que pour être la représentation vraie de l'élément conservateur*[3], s'attend à des résultats très-différents de ceux qu'il sera possible de réaliser, de ceux que les premiers chefs de ce mouvement peuvent vouloir. Il restera assurément de cette

[1] M. de Lamartine à la Chambre des Députés, séance du 15 février 1842.

[2] M. de Lamartine, même discours.

[3] M. Odilon-Barrot, Discours prononcé au banquet de Saint-Quentin.

démarche, même après la satisfaction qu'il peut lui être donné d'obtenir, une déception, et par suite une raison nouvelle d'agitation pour les partis adversaires de nos institutions.

C'est en vain que l'on prétend s'autoriser, à ce sujet, des coutumes anglaises. Avant de réclamer à l'agitation politique ce qu'elle peut produire dans la Grande-Bretagne, il serait peut-être utile de se demander s'il est possible d'assimiler les mœurs des deux pays. L'agitation politique peut être utile, même en France : mais il faut qu'elle ait lieu au bénéfice de principes parfaitement appréciés par le pays, franchement adoptés et proclamés par ceux qui s'agitent. Si le langage destiné à développer les devoirs imposés à tous par ces principes est plutôt toléré qu'adopté par la majorité des agitateurs ; si leur mouvement, si le patronage respectable sous lequel l'agitation se déclare, sert plutôt à favoriser l'impulsion donnée aux exagérations dangereuses qu'à répandre les idées régénératrices, l'agitation, au lieu de venir en aide à la formation de l'esprit public et aux mœurs politiques, ne fait qu'accroître les éléments de subversion ; ce résultat est inévitable : les faits le disent assez.

Les organes de l'opinion démocratique la plus avancée ne peuvent méconnaître qu'il est des peuples chez qui les mœurs ne sont pas encore formées pour l'exercice des droits politiques. Ils admettent, selon l'éducation de ces peuples, différents degrés de liberté. Par la même raison, chaque nation ayant des classes à qui leur inexpérience, leurs habitudes, leur éloignement de ce qui fait apprécier les affaires de l'État, rendent difficile de les juger, doit décréter des garanties de capacité pour l'exercice des droits qui font participer directement aux actes du pouvoir; parce que, selon l'homme d'État lui-même qui s'est posé l'apôtre persévérant et consciencieux de la réforme, « L'électorat est une fonction sociale... Le droit d'élire n'est ni un droit universel que tous puissent réclamer, ni un privilége créé au profit de quelques-uns. C'est un droit que la capacité confère, que la loi reconnaît, et qui s'exerce au profit de la société tout entière [1]. »

Les garanties réclamées sont d'autant plus indispensables, que sous le régime de liberté, ainsi que nous l'avons remarqué précédemment, la puissance est partagée entre le pouvoir et la masse des citoyens, à ce point que, si le premier perd l'influence morale, il est paralysé.

[1] M. Duvergier de Hauranne, *De la Réforme parlementaire et de la Réforme électorale*, édition in-18, p. 197 et 222.

Avec la libre manifestation des opinions, avec l'action constante de la presse sur le pays légal qui décide de tout par la puissance législative; avec la garde nationale, le jury et les autres institutions analogues, la société entière exerce indirectement tous les droits politiques; elle tient en échec le pouvoir, de qui elle exige la satisfaction de ses intérêts. S'il agit contrairement à ses vœux, c'est qu'au lieu de persuader le pays légal qui voit les affaires de plus près, on l'inquiète, on l'alarme, on l'égare par une attitude et des prétentions incompatibles avec les difficultés du gouvernement, au lieu de l'aider à rechercher la cause de ces difficultés pour les faire disparaître. Avec les institutions actuelles, nul ne peut se dire sans droits politiques. Seulement, ces droits sont de différents degrés. Toute action qui exerce une influence sur la marche des affaires publiques, est l'effet d'un de ces droits. Mais avant ceux-ci, il y a des droits permanents dont la satisfaction est due à tous, et plus rigoureusement à celui dont les facultés intellectuelles sont le moins développées : ce sont les droits sociaux. Ceux-ci imposent de grands devoirs aux droits politiques. Les faire reconnaître et satisfaire, telle est la tâche importante en ce temps.

Les droits sociaux sont ceux de chacun à l'assistance morale et à la protection que la société doit à tous ses membres, relativement à leur situation, et selon les ressources dont elle dispose, en retour de l'accomplissement de leurs obligations envers elle.

Ces droits, il faut le dire, n'ont encore été ni bien reconnus ni bien définis chez aucune nation. Ils deviennent sensibles de plus en plus sous notre régime. C'est à la France qui, par son initiative dans le progrès des idées, procure aux autres peuples les bienfaits de la liberté, à proclamer aussi, la première, les règles qui doivent en assurer la fécondité : c'est à elle qu'est départie la tâche d'expliquer tous les droits et d'enseigner les devoirs qui y correspondent. Le pays légal, qui représente aujourd'hui la puissance législative, n'a pas encore bien compris tout ce que lui imposent les droits de ce genre. Telle est la cause de cette tendance des classes du travail manuel à seconder l'extension des droits politiques, dont l'usage serait en leurs mains comme ces armes qui blessent grièvement quiconque veut les manier, s'il n'a pas été formé au mouvement difficile qu'elles exigent, et initié au mécanisme complexe de leur organisation.

Dès que les droits sociaux seront reconnus et précisés; dès que les devoirs qu'ils imposent seront pratiqués, l'attitude des classes consacrées au travail manuel sera tout-à-fait changée. Le gouvernement, qui est leur protecteur naturel et spécial, plus encore sous le régime représentatif, trouvera en elles, alors, le concours efficace qu'il doit en attendre pour favoriser le développement de tous les progrès.

## I.

La question de la réforme électorale nous semble devoir être examinée sous les trois points de vue suivants.

1° En principe, l'extension des droits politiques détermine-t-elle infailliblement l'amélioration de l'état social ?

2° Quelle est la valeur de la capacité intellectuelle ; quelles sont les garanties que l'exercice des droits politiques doit à la société ?

3° Dans la situation actuelle, quel est le bien que l'on peut attendre de la réforme électorale : les réformes parlementaires et administratives en seront-elles inévitablement la conséquence?

Pour répondre à la première question, il faut se demander d'abord si l'extension des droits politiques est le but des peuples; si en l'obtenant dans sa plus large acception, ils devraient se tenir pour satisfaits, comme de nombreux symptômes, émanés de trop crédules intelligences, semblent le proclamer?

La moindre réflexion suffit pour convaincre que la réforme n'est qu'un moyen et non point un but. Elle peut même ne signifier aucun progrès dans les mœurs politiques : les années qui ont suivi la réforme de 89 l'ont assez prouvé. Ce que les peuples appellent, ce qui est leur vœu de chaque jour, c'est l'amélioration de l'état social, en un mot, la satisfaction des nouveaux besoins moraux et matériels que le progrès des idées fait éclore en eux. Tel fut le moteur de la révolution de 89. La situation du peuple dans les années qui précédèrent le Serment du jeu de paume le dit plus hautement encore que les écrits de Turgot et d'autres écrivains de ce temps. Les réformes politiques ne motivèrent point alors l'agitation du pays; elles ne furent considérées, dans le principe, que comme un des moyens de satisfaire aux besoins de l'état social. Mais bientôt les passions politiques s'étant développées, déterminèrent une fièvre générale, dans le délire prolongé de laquelle on oublia le but primitif : ou plutôt on crut le voir dans l'application des moyens dont la nature séduisante paraissait satisfaire à tout. C'est ainsi que par une extension déraisonnable des droits politiques, on a été conduit au despotisme par l'anarchie et la terreur! L'admirable éloquence de quelques écrivains qui ont le privilége d'éblouir la raison même, et dont l'imagination brillante colore et transforme l'histoire pour en faire le corollaire d'une idée, ne peut détruire l'historique inflexibilité des faits.

Si les droits politiques sont une magistrature qui honore, leur exercice réclame tant de lumières, il impose tant de devoirs et de sacrifices, qu'il est difficile, même à ceux que leur position sociale rend le plus propres à les exercer, de satisfaire à ce qu'ils imposent. La vertu est-elle à ce point le privilége de la démocratie, que les moins indépendants de fortune soient le plus disposés à s'imposer tous les sacrifices, à pratiquer les plus pénibles, les plus onéreux devoirs!

Avec ce bon sens naturel qui le distingue et qui

est bien supérieur à toute la science présomptueuse des demi-lumières, le peuple comprend cela et n'est jamais le premier à le méconnaître. Ce qu'il réclame avec toute la force du droit, c'est la satisfaction de ses justes intérêts; ce qu'il demande comme la garantie de ces derniers, c'est la pratique des devoirs que les droits politiques imposent à ceux qui les exercent. Voilà ce qu'il faut l'aider à obtenir; ce sera servir les classes les plus nombreuses et l'état social tout entier.

Pour arriver à ce résultat, on dit au peuple : Demandez à partager l'exercice des droits politiques les plus élevés, de ceux qui donnent une action directe dans l'œuvre du gouvernement. A cela nous répondrons :

Pourquoi ceux qui ont mission d'exercer la fonction sociale appelée *électorat*, laissent-ils beaucoup à désirer au pays? C'est qu'ils cèdent aux tendances que fait éclore la situation même qui leur est faite dans chaque parti par de tels droits; en un mot, c'est que jusqu'à ce que les mœurs politiques soient mieux formées, il sera difficile de trouver un grand nombre d'hommes supérieurs aux difficultés que rencontre l'accomplissement de tout ce qu'imposent l'électorat et l'éligibilité : on ne fait bien que ce que l'on sait faire; et pour bien faire, faut-il encore se trouver dans les conditions qui permettent le travail de toute tâche.

Si la raison ne peut récuser ces prémisses, la participation d'un beaucoup plus grand nombre à l'exercice de tels droits n'accroîtra-t-elle pas le trouble que l'insuffisance des élus actuels lègue au pays? Lorsqu'un état social transitoire a rendu les moyens d'existence beaucoup plus difficiles; lorsqu'il crée chaque jour de nouveaux besoins que l'on brûle en vain de satisfaire; lorsque le dédain, pour être vrai, disons le mépris des intérêts généraux, est d'usage devant l'intérêt individuel, le remède aux erreurs du pouvoir est-il dans la participation d'un plus grand nombre aux fonctions de l'électorat? une telle réforme ne seconderait-elle pas *l'abus des influences?*

Réserve faite pour le développement des trop petits colléges, et pour l'admission de certaines capacités, à moins de soutenir qu'il s'agit uniquement, pour tout améliorer, de donner plus de prépondérance à l'élément démocratique, et non point de diminuer les difficultés, il faut reconnaître que l'insuffisance inévitablement plus réelle à plusieurs égards importants, des derniers appelés, serait aux yeux des premiers une justification de la leur. Se sentant supérieurs aux autres, ils ne seraient plus portés à se compléter. Dès lors, au lieu de progrès, il y aurait plutôt dégénérescence dans les mœurs politiques. Ce résultat nous semble inévitable. En demandant toujours à la même réforme le remède aux maux de l'état social, on arriverait au suffrage universel; et pour la France, ce dernier est synonyme d'anarchie, nul ne peut le méconnaître.

Mais avant d'aboutir à ce cataclysme, l'extension des droits politiques prématurément accordée aura paralysé progressivement les intérêts des classes les plus nombreuses. C'est ce qu'il est important d'observer; car c'est spécialement au nom des intérêts des masses qu'on exalte aujourd'hui la réforme : c'est à ce point de vue qu'elle devient une cause sérieuse d'agitation; et c'est à ce point de vue qu'elle est la plus décevante des illusions! Nous prenons ici l'engagement de le prouver à toute requête; ce que le temps ne nous permet pas complétement aujourd'hui.

## II.

Nous avons dit comment l'admission d'un beaucoup plus grand nombre justifierait l'insuffisance de ceux qui forment aujourd'hui le pays légal. Si l'on veut soutenir que ce dernier se trouve disposé à dédaigner les intérêts des autres classes, combien ne sera-t-il pas plus fondé à s'en tenir rigoureusement à l'action légale de chacun, si une extension des droits politiques est accordée; car alors les difficultés du pouvoir n'auront fait que s'accroître. Alors, si le peuple crie au pays politique ou légal d'accomplir ses devoirs envers lui, le pays politique répondra : vous participez à nos droits; usez des vôtres. En réclamant une part dans l'exercice direct du pouvoir, vous avez rejeté l'état de tutelle pour les droits politiques les plus élevés, vous vous êtes émancipés à tous égards ; servez-vous par l'exercice de vos droits ; nous devons songer maintenant à défendre les nôtres : la situation est changée.

C'est en vain que le peuple répondrait : Notre part n'est pas en proportion de notre nombre ; il lui serait répliqué avec raison : elle est déjà plus que les nécessités de l'ordre social ne permettent; aller plus loin serait le trouble, la subversion générale, la ruine de tous !

N'est-ce pas la situation où le peuple est dupé par des droits ! où son action ne fait que lui ravir ses droits suprêmes, la satisfaction des droits sociaux, et autoriser, justifier même l'insuffisance et l'égoïsme qui peuvent être le partage des classes appelées à exercer la fonction sociale de l'électorat.

Nous qui n'admettons point que le pays légal soit *volontairement* indifférent pour les intérêts des classes les plus nombreuses; nous qui n'admettons pas que cela puisse jamais être sous le régime représentatif, nous déplorons surtout la dernière situation exposée, parce qu'elle tend à justifier l'oubli des devoirs attachés au droit d'élire, tandis que le progrès social dépend de leur pratique complète. Dans une société dont les membres sont égaux devant la loi, la pauvreté et la richesse, le bien-être et la médiocrité, sont tour-à-tour le sort d'une partie de chaque classe. Chacun est appelé à y exercer les mêmes droits, à y pratiquer les mêmes devoirs : les uns y représentent les autres; il y aura entre tous une solidarité irrécusable dès que l'ordre social sera définitivement constitué. Aussi M. Duvergier de Hauranne a-t-il pu dire dans son éloquent plaidoyer en faveur d'une réforme électorale : « Dans l'organisation politique d'un pays, le nombre n'est pas l'élément principal ; un corps électoral très-restreint peut produire une représentation bonne, sincère, complète. [1] »

Mais ce qui fait la garantie du bien-être de tous, et particulièrement pour les classes les plus nombreuses, c'est, redisons-le, la pratique des devoirs du pays légal, de celui qui exerce les droits politiques du plus haut degré. Ces devoirs sont d'une nature élevée ; ils sont nombreux et imprescriptibles sous le régime de liberté. Jusqu'ici ils n'ont pas été tous compris ; mais on s'applique à les reconnaître, à les étudier : c'est un des plus grands progrès du temps. Un mal inappréciable peut-être, au point de vue des intérêts de la classe

[1] *De la Réforme parlementaire et de la Réforme électorale*, édition in-18, p. 237.

la plus nombreuse, c'est d'arrêter cette tendance par les difficultés que soulèveraient, dans l'ordre politique, le travail, l'agitation causée par des prétentions à une réforme électorale, incompatible avec l'état de nos mœurs politiques. Cette réforme n'est qu'un moyen, et ce moyen peut être lui même le plus grand obstacle aux résultats que l'on poursuit. Voilà ce qu'il est important d'examiner en dehors de toute préoccupation d'intérêt de parti. Pour preuve de la sincérité de notre dévouement aux intérêts du peuple en tenant ce langage, ne peut-on pas citer l'opinion des écoles sociales? On sait jusqu'à quel point elles sont dévouées aux intérêts de la démocratie, et cependant les réformes politiques leur ont paru illusoires.

Si l'on observe encore que les écoles radicales, dont les principes se contredisent, trouvent toutes un point de ralliement dans la réforme électorale comme dans tout ce qui peut affaiblir nos institutions, on sera porté, par de nouveaux motifs, à voir dans la réforme une nouvelle difficulté pour l'amélioration de notre état social.

Si, comme toute loi morale, religieuse et humaine nous l'enseigne, tous les droits ont des devoirs qui y correspondent, peut-on déplorer que des droits spéciaux soient le partage de certaines situations sociales, où chacun, d'ailleurs, peut être appelé. Ce qu'il faut craindre, car c'est ce qui nuit aux classes les plus nombreuses, c'est, répétons-le sans cesse, de faire méconnaître les devoirs du pays légal ; c'est de le porter à les oublier, à se dispenser de leur accomplissement par des raisons plausibles ; c'est de troubler l'ordre providentiel des sociétés, ordre qui n'a conféré des droits spéciaux à chaque classe qu'en y rattachant des devoirs, garantie des intérêts de tous !

Le premier besoin de la France d'aujourd'hui, c'est du travail ; ce sont des réformes qui puissent développer et féconder le travail. Depuis 1789 la population de notre patrie s'est accrue presque de moitié : de vingt-quatre millions, elle s'est élevée à trente-cinq !!! Voilà le mot de l'énigme qui se rattache à la difficulté de se procurer des moyens d'existence. L'industrie s'est-elle accrue en proportion de ce chiffre ? malheureusement non : et les besoins de tous genres se sont développés avec les idées. La population va croissant chaque année ; ce qui fait augmenter le prix des subsistances et diminuer celui du travail !!! Où cet état de choses nous conduit-il ? A l'abîme qui s'est ouvert au milieu de l'Angleterre et qui menace d'engloutir et ses institutions et sa puissance. La France saura-t-elle prévenir un tel malheur, dont les conséquences seraient plus désastreuses encore chez elle que partout ailleurs? Voilà la question qui doit préoccuper tous les esprits sérieux.

Au lieu de demander au pays légal l'extension des droits politiques au bénéfice de nouvelles ambitions dont les promesses sont toujours vaines, nous préférons lui réclamer avec persévérance l'abolition des droits d'octroi sur la viande, sur les denrées de nécessité, et le remplacement de ces impôts par de larges taxes sur les objets de luxe. Nous préférons pouvoir lui montrer le calme des esprits, la sécurité de l'ordre social, pour en obtenir bientôt une législation favorable à l'industrie et protectrice du travail manuel. C'est en rappelant ses devoirs au pays légal que nous voulons lui réclamer sans cesse de telles réformes. Mais, nous l'avons dit, pour être fort à une telle tâche, il ne faut pas que nos devoirs à nous soient oubliés ; il ne faut pas que notre attitude puisse nous être reprochée comme un obstacle à ce que nous réclamons ; il ne faut pas que le pouvoir soit réduit à demander en temps de paix un budget de *quinze cents millions* pour maintenir une armée de trois cent mille hommes et plus, afin de garantir l'ordre matériel contre l'agitation politique des masses et le trouble moral de toutes les classes !

## III.

Qui pourrait dire que les bonnes intentions manquent aux hommes qui forment la représentation nationale et à ceux qui sont sortis de son sein pour diriger les affaires de l'État ? Qu'est-ce donc qui paralyse leur volonté, leurs efforts? qu'est-ce qui les rend faibles parfois devant l'accomplissement des devoirs? Ce sont les difficultés : il n'y a rien autre. Et le pays se doute peu de la puissance destructive de ces difficultés, qui ne résultent parfois que de son attitude.

Par suite de cet engouement pour les droits politiques, de cette facilité avec laquelle chacun porte sur les affaires de l'État un jugement aussi éloigné de la réalité que nous le sommes des régions polaires, on oublie que, si une myopie politique est devenue le mal du pays légal, ce mal a sa cause dans les préoccupations que font naître les mille entraves que rencontre le travail du gouvernement.

En 1836, on a demandé le remède aux troubles du pays à une restriction des libertés acquises. Le mal venait évidemment des abus de la liberté. Il fallait la restreindre. Mais il y avait aussi quelques avertissements à adresser au pouvoir, quelques règles à donner à tous : elles ne l'ont pas été. On s'est habitué de part et d'autre à attribuer toutes les causes de trouble à ce qui vient de l'opinion contraire, tandis que chacun a sa bonne part dans ce désordre.

Un membre de la représentation nationale, dont la franchise sera proverbiale, l'a nettement déclaré [1]; il a essayé de faire l'application de sa pensée aux théories de la réforme électorale ; mais les exigences actuelles de l'Opposition ne lui ont pas permis de développer cette utile pensée.

[1] « Notre monarchie constitutionnelle s'est éloignée des conditions de son origine ; je ne la rends pas seule responsable : tout le monde est peut-être coupable : les uns par calcul, les autres par indifférence, ceux-là enfin par des opinions trop vives et trop précipitées (C'est vrai ! c'est vrai !). Car tout le monde a sa part de responsabilité plus ou moins grande. » Discours de M. Odilon-Barrot au banquet de Meaux, en septembre 1847.

Aujourd'hui, le mal vient-il seulement des abus reprochés au pouvoir, et ces abus peuvent-ils être séparés de leur cause? le pouvoir aura-t-il ses lois de septembre comme la liberté a eu les siennes, sans que chacun reconnaisse sa part de culpabilité? et, flottant ainsi d'une réaction à une autre, à quel but fatal aboutiront nos efforts dans la voie où s'accomplissent de telles évolutions? Il faut le prévoir lorsqu'on peut le faire sans danger; il faut se demander si cette voie ne ramène pas au despotisme par le règne d'un nouvel esprit révolutionnaire, émané des apologies des Montagnards de 93; si elle ne nous conduit pas à une nouvelle révolution destinée à engloutir tous les germes de progrès dont les semences ont coûté si cher à la patrie entière!

Et qui pourrait contester que, pour ne pas sommer vainement le pouvoir de pratiquer sincèrement les principes représentatifs, il faut d'abord formuler les règles d'après lesquelles on veut juger cette pratique, pour s'y conformer soi-même; il faut ne pas réserver l'arbitraire à la critique; ensuite, s'abstenir d'environner l'autorité de difficultés, être à même de lui dire : nos devoirs sont remplis quand nous réclamons les vôtres !

C'est alors qu'on est fort contre les gouvernants, et qu'au lieu de trouver le pays politique sourd aux plus justes représentations, on rencontre près de lui un appui spontané et efficace. Mais, tant que l'on est soi-même l'excuse du pouvoir à enfreindre les principes ; tant que l'on se dispense des pratiques gênantes pour se borner à l'exercice des droits qui satisfont l'orgueil, alors plus les tréteaux sur lesquels on monte pour crier au parjure sont élevés, plus le pouvoir justifie ses tendances restrictives et trouve dans l'opinion conservatrice, naturellement craintive, un appui systématique.

Une réforme électorale n'est donc point un moyen infaillible d'améliorer l'état social ; elle peut, au contraire, selon les circonstances, empirer la situation.

## DE LA CAPACITÉ INTELLECTUELLE.

**La capacité intellectuelle suffit-elle pour l'exercice des droits politiques les plus élevés.**

Quelles sont les garanties que l'exercice des droits politiques les plus élevés doivent à la société?

C'est à la raison seule que nous voulons demander de résoudre cette question, et nullement aux nécessités de l'ordre politique, lesquelles ont cependant bien leur irrécusable valeur.

Parce que notre grande facilité à traiter spirituellement de toute chose sur les notions les plus superficielles, rend habiles jusqu'aux rhétoriciens de collége à dicter un article de journal; parce que dans toutes les classes, quelque peu instruit que l'on soit, on a la prétention d'émettre, d'après tel ou tel organe de la presse, un jugement rigoureux sur les affaires publiques les plus complexes, quoique l'opinion de notre journal soit contredite par cent autres; parce que cette habitude est générale, s'ensuit-il que les affaires d'État ne soient pas la chose la plus difficile à apprécier? S'ensuit-il que la science politique et sociale soit plus facile que l'art de faire des meubles ou de diriger un négoce?

La capacité intellectuelle ne constitue pas à elle seule la capacité du moindre artisan, ni celle de l'homme de commerce. Il leur faut de longs apprentissages. Et cependant, les capacités réunies de tous les artistes et négociants ne font pas la capacité scientifique pour une seule des grandes sciences, qui ne sont qu'une partie de la science politique ! Lorsqu'on s'arrête à cette réflexion si simple et si significative, on ne peut guère s'étonner de l'insuffisance de la plupart des citoyens exerçant des droits et des fonctions qui donnent une action plus ou moins directe sur la marche du pouvoir. Aussi, combien peu de publicistes se permettent aujourd'hui de faire de la doctrine ! Dans un temps où de nouvelles institutions appellent les règles qui doivent diriger dans l'exercice des nouveaux droits acquis, c'est en vain que l'on demande à la publicité périodique des enseignements spéciaux ; elle se borne généralement à discuter les arguments et les faits du jour, ou à s'occuper de travaux administratifs.

Mais quant aux doctrines, les hommes du régime actuel n'en font presque pas; ils laissent cette tâche aux socialistes, qui rallient ainsi à eux les intelligences disposées à penser. Voilà comment nos mœurs politiques semblent se former de manière à accroître de plus en plus les difficultés qui s'opposent à l'action libre et féconde de nos institutions; voilà pourquoi l'on s'éloigne davantage du bon exercice des droits politiques: la capacité qu'ils réclament fait défaut; l'apprentissage ne peut se faire suffisamment, même avec de longues années : les polémiques diverses ne font qu'égarer quand on n'a pas une règle pour les juger.

## I.

Dans les affaires particulières, pour aucun intérêt, la capacité intellectuelle seule n'est trouvée suffisante; partout on réclame des garanties pour le bon emploi des matières à confier : on veut un savoir spécial réel, ou bien l'on impose un apprentissage.

Mais il y a plus. Dès qu'il s'agit d'une œuvre de confiance de la moindre valeur, on exige des garanties de moralité. Entre eux, les hommes agissent toujours ainsi pour leurs affaires particulières : c'est naturel et raisonnable. Dès-lors, si l'on considère que c'est par l'exercice des droits politiques que le pays est gouverné, qu'il peut être troublé, bouleversé même, par des esprits ou par des ambitions téméraires, on comprendra combien il est indispensable que la société réclame de ceux à qui elle se confie, des garanties semblables à celles que les simples particuliers exigent lorsqu'il s'agit de confier leurs intérêts.

Qui n'a été frappé de l'extension que le charlatanisme a prise sous le régime de liberté ? Partout la spéculation est prête à exploiter les tendances les plus dangereuses, si elle y trouve son bénéfice. Dans l'abstention complète où l'on se trouve de l'exercice des devoirs sociaux, l'abus de la liberté, sous ce rapport, paraît une chose naturelle. Chacun pense à satisfaire son ambition, sans se croire tenu d'examiner si les moyens qu'il emploie sont subversifs des intérêts publics? le pays, dit-on, a le pouvoir pour se défendre ; pensons à nous !

Qui n'a éprouvé que les capacités intellectuelles sont portées à désirer le changement de l'état social, dès que leur ambition fait naître en elles des besoins qu'elles ne peuvent satisfaire. Ces capacités sont alors les plus dangereux adversaires de l'ordre public. Elles le sont surtout depuis que l'on a répandu les idées les plus étranges sur une prétendue impuissance de notre organisation sociale. Chez ceux qui partagent cette erreur, et le nombre en est grand, la capacité intellectuelle est employée, non-seulement à éluder les devoirs du bon citoyen, mais encore à se justifier la pensée de troubler, de miner l'ordre social; pour eux il est devenu habituel de lui imputer tout le mal qui les blesse et celui de chacun. La bonne foi de cet égarement ne fait que le rendre plus redoutable. Avec le doute qui règne dans les esprits touchant les principes de morale et de gouvernement; avec l'absence de toute doctrine propre à rallier, à diriger les intelligences; avec cette déplorable conviction que l'on ne doit rien à l'intérêt général; avec cette disposition d'un si grand nombre à lui nuire, la capacité intellectuelle seule, au lieu d'être une garantie, est un danger de plus, lorsqu'il s'agit de confier les intérêts du pays; c'est la raison qui le proclame. Il n'y a pas un grand mérite à le prouver chez nous en ce temps : trop de faits évidents le disent assez. Cette capacité ne pourra être de quelque garantie que lorsque la pratique des devoirs sociaux fera partie des mœurs, lorsqu'elle sera un des mobiles du sentiment d'honneur : et nous sommes loin d'être arrivés à ce résultat!

Lorsqu'on y aura atteint, la capacité intellectuelle sera moins illusoire; mais, seule, sera-t-elle suffisante?

En 1826, lorsque M. Guizot était un des chefs de l'opposition, voici comment il expliquait le principe de la capacité en matière électorale : « ..... C'est la capacité qui confère le droit; et la capacité elle-même est un fait indépendant de la loi, que la loi ne peut ni créer ni détruire, mais qu'elle doit s'appliquer à reconnaître avec exactitude, pour reconnaître en même temps le droit qui en découle. Et pourquoi la capacité confère-t-elle le droit? Parce que le droit est inhérent à la raison, et seulement à la raison. La capacité n'est autre chose que la faculté d'agir selon la raison.»

Comme on le voit, c'est à une époque où l'on ne prévoyait pas de redouter les abus de la liberté que l'opposition définissait la capacité par la raison : soit une faculté formée par l'intelligence et la moralité réunies. Cette régle est en effet de tous les temps et de tous les régimes.

## II.

La société ne peut abandonner les garanties qui se rattachent au maintien de l'ordre, à la stabilité des bases sur lesquelles elle est établie.

Ces bases seraient à changer chaque année, tantôt dans un sens, tantôt dans un autre, si la société accordait une action déterminante aux idéologues même les plus généreux et les plus moraux. Avec un peuple aussi impressionnable, aussi disposé à adopter les idées séduisantes, celles qui le dispensent du travail de la réflexion, aucun ordre, aucun progrès ne serait possible en de telles conditions. S'il est bon que toutes les idées, toutes les utopies mêmes, puissent se produire pour laisser recueillir la parcelle de bien qu'elles peuvent contenir, il est indispensable qu'elles ne puissent exercer, par les droits politiques, une action directe sur le gouvernement, avant de satisfaire à certaines garanties.

La société ne peut se suicider. Elle ne peut se passer de gages d'une capacité formée par la raison nationale ou le dévouement à l'ordre établi, lorsqu'elle confère des droits qui permettent de lui nuire sans obstacle. Cependant, par la liberté de la presse et par d'autres encore, elle en a concédé qui s'exercent sans aucune garantie dans une certaine limite. Mais lorsqu'il s'agit de ceux par lesquels on exerce une action directe sur ses organes vitaux, la société réclamera-t-elle moins que l'on n'exige pour les simples affaires des particuliers?.. Elle ne peut ainsi faire bon marché des intérêts de tous ceux qui se confient à elle : son devoir de protection est imprescriptible; rien ne peut l'affaiblir; il est le premier de tous.

L'illustre député que nous avons déjà cité a dit à la Chambre, en 1842, avec un accent de reproche marqué : « *L'élection est matérielle.* » Ce langage ne peut signifier qu'une chose, c'est que le signe de la capacité réclamée pour l'exercice de tels droits est matériel comme l'or ou l'argent lorsqu'ils sont le signe de la reconnaissance ou du dévouement. A moins d'admettre le suffrage universel dans sa plus infinie acception, le signe matériel nous paraît inévitable; la république elle-même dut l'adopter dans ses jours de plus grande licence!

La société ne peut faire sonder les intentions ni mesurer les capacités de chacun. Elle fait toujours à tous de grandes concessions sous ce rapport. C'est à des signes qui garantissent les moyens de s'instruire et un intérêt réel au maintien des institutions nationales, qu'elle demande sa garantie. Si ces signes sont matériels, ils sont le gage de qualités qui ne le sont point : et ils n'en tiennent pas lieu, puisqu'ils ne subsistent pas sans elle, en règle générale. Dans l'exception qui leur est défavorable, ils ont encore un mérite important; ils sont une garantie certaine de dévouement au maintien de l'ordre; et pour le pays, c'est le gage le plus précieux, lorqu'il devient lui-même la garantie des qualités morales. Ceux qui le déprécient trouveront peut-être difficile d'en proposer un qui fournisse les mêmes avantages : jusqu'à ce jour, ils se sont dispensés de le faire connaître.

Telles sont les raisons d'après lesquelles on conclura sans doute, avec nous, que la capacité intellectuelle seule est illusoire comme garantie due à la société pour l'exercice des droits politiques les plus élevés, de ceux qui donnent une action directe et déterminante sur les actes du gouvernement.

## RÉSULTATS DE LA RÉFORME ÉLECTORALE.

Ses effets sur la situation actuelle. — Moyens d'obtenir ce qu'on cherche en vain par son assistance.

Dans la situation actuelle, quel est le bien que l'on peut attendre de la réforme électorale; les réformes parlementaires et administratives en seront-elles inévitablement la conséquence?

Après avoir observé d'une part les griefs articulés par les Réformistes contre le système en vigueur, et de l'autre les raisons présentées comme la justification de ce système, on ne peut disconvenir que les tendances ultra-conservatrices et l'attitude subversive d'une grande partie du pays sont solidaires, comme causes, de la situation que l'on déplore. Si l'exagération des principes conservateurs provoque l'attitude qui est subversive des intérêts généraux, si elle l'exalte, elle n'en est point la seule cause : cette attitude est, elle-même, par sa priorité d'existence et par sa permanence, une des causes de l'*abus des influences*. Le principe du mal est dans les difficultés qui résultent de l'abandon de part et d'autre à des tendances dangereuses, en l'absence des doctrines propres à servir de règles.

Il y a donc deux causes distinctes et indéniables, du mal que les réformistes veulent guérir. Dès lors il faut un remède qui réponde à l'une et à l'autre.

Quel doit être l'effet de la réforme électorale?

A l'égard du peuple : d'accroître les idées présomptueuses de l'opinion publique ; d'éloigner de toute étude de nature à régénérer les tendances qui forment les difficultés du gouvernement ; d'entraîner plus que jamais les mœurs politiques dans la fausse direction qu'elles ont prise, en leur faisant attribuer, de plus en plus, toutes les souffrances du pays aux œuvres des gouvernants ou aux conditions de l'ordre social.

A l'égard du pouvoir : soit que la réforme électorale obtienne une satisfaction, soit que la majorité parlementaire la lui refuse, l'opinion ultra-conservatrice y trouvera de nouveaux motifs de défiance et de nouvelles difficultés qui lui serviront à justifier ses tendances. Elle fera valoir l'agitation du pays, les faits réprouvables et dangereux des opinions adversaires de nos institutions; et la conclusion sera : les difficultés n'ont fait que s'accroître, ce n'est pas le moment de désarmer le pouvoir.

Où sera alors la ressource des Réformistes? sera-t-elle dans l'adjonction de quelques capacités et dans l'agrandissement de quelques colléges? Qui ne comprend l'insignifiance de ce résultat pour changer l'esprit de la majorité. Il est, au contraire indubitable, que si la majorité fait une concession aux Réformistes, elle n'en deviendra que plus ferme dans l'appui qu'elle fournit au système des restrictions, si l'on ne parvient à la désabuser, à détruire ses préventions, à lui présenter des garanties.

Les Réformistes, amis de nos institutions, nous semblent donc s'abuser sur les moyens d'obtenir les résultats qu'ils cherchent, surtout lorsqu'ils n'expliquent pas nettement dans quelle mesure et dans quel sens la réforme peut être bienfaisante. Après les honorables déclarations faites par les principaux d'entre eux sur la probité politique, sur la réforme parlementaire, sur la sincérité du gouvernement représentatif, cela est indispensable pour qu'on ne puisse dire que leur conduite est la négation de la fin qu'ils annoncent.

Est-ce sur le progrès des mœurs politiques que l'on pourrait s'appuyer pour demander l'extension des droits électoraux et en attendre une action régénératrice? Nous l'avons dit déjà : l'acrimonie constante et systématique de la polémique, la défiance générale, certaines coutumes du pays comme du monde administratif, tout dit assez que ces mœurs n'ont pas progressé dans le sens favorable à la pratique sincère de nos institutions, et que le mobile de l'agitation est étranger chez un trop grand nombre, aux besoins réels de la nation. Le pays est divisé en trois camps : les indifférents; les dévoués systématiquement au pouvoir; et ceux qui l'attaquent sans cesse avec hostilité. Il n'y a pas de situation plus subversive des conditions indispensables du régime de liberté. Non, ce n'est pas le progrès des mœurs politiques qui appelle la réforme électorale, quoique ce progrès soit le seul qui puisse la justifier. C'est la raison contraire; ce sont les difficultés causées par l'absence de ces mœurs. C'est essentiellement en vue d'avertir les tendances ultra-conservatrices et de les dominer, qu'on recourt à cette mesure. Sans examiner s'il est opportun de jouer avec le feu quand on est entouré de flammes, ne pourrions-nous pas dire que, placé entre deux causes de mal, on accroît l'une pour dominer l'autre; que loin de guérir on aggrave. Le moyen sera impuissant. Jusqu'à quel degré l'emploiera-t-on? Si le peuple s'accoutume à ne retirer aucun bien des réformes politiques, s'il s'habitue à les considérer comme un but ou comme ces fleurs dont l'éclat dispense de toute senteur, il les préconisera jusqu'au jour où il ne sera plus temps de reconnaître qu'elles n'ont été qu'une périlleuse illusion. Les tendances ultra-conservatrices ont leur danger, nous l'avons reconnu. Lorsque les difficultés les effraient, elles sont trop portées à demander un appui au passé, à ramener dans le gouvernement représentatif l'emploi des vieux moyens, des vieilles maximes d'un autre régime. Mais aussi, nous l'avons fait observer, cette disposition du pouvoir est naturelle pendant les premiers âges du règne de la liberté : la postérité serait surprise de ne pas en trouver le signe dans l'histoire. On ne rompt pas avec un régime comme avec un État, surtout lorsqu'on est entouré de nations régies par les vieilles maximes. Cette rupture est d'autant plus difficile que la transformation des mœurs publiques, qui doit accompagner ce changement, n'a pas encore eu lieu. Voilà ce qui explique cette assertion sans cesse répétée des ultra-conservateurs aux réformistes : « Quand vous êtes au pouvoir, vous agissez comme nous ; nous sentons que vous ne pourrez encore agir autrement sans compromettre la sécurité publique, comme cela est arrivé en d'autres circonstances ! »

Il y a donc, et c'est la conclusion à laquelle ramènent toutes les études approfondies de la situation, il y a des nécessités de gouvernement dont la puissance est déterminante !.. C'est l'excuse des ultra-conservateurs. Il est des conditions sociales hors desquelles le pouvoir est réduit à employer de déplorables moyens, parce que, avant tout, il faut que la société soit gouvernée. Ne nous en prenons donc point seulement au pouvoir : parlons à nous-même avec cette sincérité qui nous anime envers les gouvernants : établissons la part de chacun dans les difficultés qui s'opposent à la pratique d'une politique régénératrice; et gardons-nous d'accroître l'une des sources qui les entretiennent.

Hommes sérieux, doctes et respectables, que nous apercevons en si grand nombre parmi les Réformistes, c'est à vous de le répéter sans cesse : les réformes politiques ne sont pour nous qu'un moyen qui emprunte toute sa valeur des dispositions du pays. Lorsque le devoir politique et social n'est pas compris, n'est pas encore défini ; lorsque nul ne peut exposer complétement quelle est la doctrine ou la règle qui le dirige, ne recourons pas à de nouveaux droits, ni pour le pouvoir, ni pour le peuple, avant d'avoir recherché quelles sont les conditions dans lesquelles seules le régime de liberté est possible avec une nation de notre caractère : là est la question.

Dès qu'une opinion arrive au pouvoir, elle oublie devant les difficultés les déclarations d'ailleurs toujours vagues qu'elle a exprimées sur les règles du gouvernement représentatif. De là une cause de récriminations indéfinies et souvent, malgré soi, peu sincères. Nul ne se fait jamais si vertueux que lorsqu'il s'exerce à critiquer les actes de ses rivaux. Avec l'impressionnabilité de notre caractère national, cette situation engendre toutes les plus déplorables conséquences; elle égare, elle fausse l'esprit public ; elle aide à poser comme dévouement les actes de l'égoïsme ; et quelquefois aussi à représenter une abnégation très-réelle comme un signe d'ambition. De là, l'impossibilité pour les citoyens de s'éclairer sur les actes des partis, d'échapper à l'influence des clameurs du charlatanisme politique, dans un monde où l'on est sans moyens de juger les évolutions que le langage des opinions fait chaque jour.

Ne serait-il pas temps que les organes de chaque camp s'imposassent de formuler chacun un commentaire de la Charte, donnant les règles générales d'après lesquelles ils pratiqueraient le gouvernement. Ce commentaire serait la doctrine du parti. Avant d'être rédigé définitivement, il donnerait lieu à une discussion de principes qui serait d'une utilité inappréciable pour l'éducation de tout le pays.

A ce travail, viendrait s'adjoindre un code raisonné des devoirs sociaux, répondant à l'exercice des droits réclamés. Ces deux règles formeraient ensemble l'évangile politique de chaque parti; et, jusqu'à ce qu'une modification déclarée en eût été faite, cet évangile serait la règle d'après laquelle la conduite serait et pourrait être alors justement appréciée.

L'opinion qui réclamerait le plus de droits politiques serait naturellement amenée à prescrire des devoirs sociaux plus étendus, plus rigoureux, correspondant à la puissance qu'elle réclamerait pour le peuple et à la faiblesse qu'elle voudrait imposer au pouvoir. Et ainsi s'établiraient naturellement, ce qui est indispensable et que l'on cherche en vain, les règles propres à déterminer l'harmonie entre le pouvoir et la liberté.

Le recueil qui contiendrait les évangiles politiques de tous les partis, deviendrait le livre le plus instructif, le plus propre à former rapidement l'esprit public et à perfectionner les doctrines de chaque opinion. Les discussions de principes deviendraient alors familières et détermineraient toujours quelque progrès. Dès que cette mesure serait adoptée, il y aurait un critérium pour juger les assertions de chaque camp. Les opinions politiques seraient éclairées; elles seraient formées par la comparaison des règles et des principes formulés par chaque parti. Chacun alors aurait la satisfaction de savoir toujours pourquoi il a une opinion; ce qu'elle vaut; pourquoi on doit se dévouer à la servir; et comment on doit se conduire pour agir efficacement à cette fin, en vue de l'intérêt social.

Dès lors, l'indifférence et le doute se dissipent. Car, pourquoi n'a-t-on de foi pour rien? Parce que l'on ne cède qu'aux faits et qu'aux arguments temporaires qui sont aujourd'hui la négation de ce qu'ils étaient hier. On ne peut avoir foi qu'en ce qui prouve être bien, et l'être d'une manière permanente. Dans l'état actuel on ne croit à rien, parce que rien ne présente ce caractère.

Il y a certainement des principes et des règles, mais ce sont ceux d'un autre régime; leur application présente aujourd'hui tant d'exceptions, tant d'incohérences par les formes dont ils sont restés revêtus, qu'ils ne peuvent déterminer une véritable confiance; et dès lors, pas de coutumes, pas de mœurs politiques: car on ne peut se faire une coutume que de ce qui est le garant de notre bien. Aujourd'hui, ceux qui s'attachent à une opinion voient arriver le moment où ils la défendent contre la raison des intérêts généraux, uniquement par des considérations tirées de quelques faits passagers. Leur foi en ce principe est donc faible; elle ne les attache qu'en ce qui sert l'ordre matériel et leurs intérêts personnels; ils y subordonnent tous les intérêts permanents, sans s'apercevoir qu'ils se nuisent virtuellement et sans cesse.

Voilà une des causes principales de l'individualisme qui ronge notre état social. Cette situation n'est pas celle d'hommes raisonnables; elle ne résulte que d'une position transitoire. Mais cette position a duré assez longtemps; les éléments généraux sont assez formés pour que l'on puisse et que l'on doive formuler les règles du nouveau régime.

Sans prétendre attribuer aux moyens que nous proposons le mérite de ramener l'âge d'or, si jamais il exista quelque part, on ne peut lui dénier une efficacité qui atteindrait les plus profondes racines du mal politique, et tendrait sans cesse à substituer au règne des idées exagérées la raison générale de la société. On conçoit dans quelle dépendance des règles se trouveraient alors les gouvernants et les organes ministériels, pour ce qui se rattache à la défense du pouvoir. Les organes de l'Opposition seraient tenus dans la même circonspection pour ce qui les concerne. La polémique serait ramenée, malgré elle, à traiter les intérêts du jour au point de vue des principes; les journaux y seraient réduits pour inspirer quelque confiance. Si nous ne nous abusons, dès que l'expérience aurait fait apprécier cette mesure, elle ne tarderait pas à prendre rang parmi les meilleures prescriptions de la législation sur la presse. Les devoirs sociaux seraient bientôt l'objet d'un cours spécial marchant de concert dans les études avec l'enseignement religieux; car le culte que l'on doit à Dieu s'accomplit surtout par le dévouement que la loi divine impose à tous en faveur des intérêts de l'ordre social; et les devoirs qui y répondent, quelqu'indispensables qu'ils soient sous le régime de liberté, ne sont encore nulle part l'objet d'un enseignement spécial.

Si les Réformistes donnaient un tel exemple au pays, ils acquerraient certainement une puissance réelle et féconde en faveur des résultats qu'ils appellent. Ce n'est plus dans les exagérations d'une autre nature qu'ils puiseraient leur force contre celle de l'opinion ultra-conservatrice. Ils présenteraient toutes garanties; ils se poseraient en véritables réformateurs, repoussant les dangers de tous genres pour ne s'attacher qu'au progrès qui régénère. Les conservateurs du nouveau régime les soutiendraient dans cette voie; et bientôt, dans la Chambre, la majorité n'appartiendrait plus à ces nécessités déplorables qu'ils auraient fait cesser, mais au progrès rationnel de tous les éléments nationaux dont ils se seraient posés les véritables directeurs.

## I.

Alors, la nouvelle attitude du pays, une opposition plus raisonnable et plus efficace, le concours de la grande majorité en faveur des intérêts généraux, rendraient facile d'opérer la réforme financière, base de toute amélioration de nos intérêts matériels. Elle pourrait commencer alors par une réduction considérable des dépenses de l'armée, qui absorbent un tiers de notre énorme budget en temps de paix ! par une réduction du nombre des emplois publics, dont on assure que le chiffre s'est accru de quarante mille depuis 1830 !

Sans exclure de la Chambre les fonctionnaires qui y sont indispensables, la réforme parlementaire s'accomplirait par l'indépendance des votes, proclamée dans les manifestes de doctrine des partis. Les membres de la représentation nationale seraient encore affranchis des obsessions des électeurs, et, par suite, des exigences du ministère, si l'on diminuait insensiblement la centralisation purement administrative. N'est-il pas étrange que l'on se préoccupe si vivement de l'extension des droits politiques de l'ordre le plus élevé, lorsque nos franchises municipales et départementales sont acceptées avec indifférence, bien qu'elles soient très-inférieures à celles que possèdent des pays où l'on ne jouit point de la liberté! C'est là cependant qu'est une des causes premières de l'abus des influences. La commune et le département étant contraints de recourir au gouvernement pour la satisfaction de leurs moindres besoins, les députés se trouvent avoir sans cesse un rôle de solliciteurs près du pouvoir, afin de répondre aux désirs des électeurs. Pendant que ces derniers leur réclament des votes indépendants, ils les tiennent par mille demandes en vue des intérêts de la localité, et trop souvent des leurs, dans une sorte de dépendance du ministère. Il y a là un obstacle réel à l'action libre des institutions représentatives, et cependant on ne semble guère s'en préoccuper.

A ce sujet, nous croyons devoir rappeler le langage si instructif, tenu au banquet de Saint-Quentin par M. Tillancourt, conseiller-général de l'Aisne, en septembre 1847 :

« Les largesses du pouvoir ne nous ont pas été prodiguées. Notre département en est-il plus pauvre ? N'est-ce pas au contraire la cause principale de sa richesse et de sa prospérité? (Mouvement.) Supposons un moment que nous ayons eu pour mandataires des députés se constituant nos serviteurs dévoués ; supposons encore qu'ils eussent employé toute leur influence non pour eux-mêmes, mais pour nous seuls ; assurément nos églises auraient quelques tableaux de plus, assurément les plus habiles courtiers auraient obtenu quelques sinécures payées après tout de nos deniers. Mais l'ambition de vivre du budget aurait germé parmi nous ; mille solliciteurs auraient surgi et n'auraient pu tous être pourvus ; leur énergie se serait usée en des instances auprès des puissants du jour, dans des vicissitudes d'espérance et de crainte, et ils n'auraient eu d'autre alternative que la douceur d'une indolence rétribuée, ou les regrets d'une ambition trompée. (Très-bien!) Qu'y auraient gagné les masses? Rien assurément. Au lieu de cela, les enfants de notre pays, n'espérant rien de la faveur ministérielle, n'ont eu foi qu'en eux-mêmes; ils nous ont consacré toute leur énergie, toute la sève de leur intelligence. A force de travail et de persévérance, ils ont conquis dans les carrières libérales, dans les arts, dans l'industrie, des positions bien supérieures à celles qu'on peut mendier au pouvoir. (Applaudissements.) Ils ont fait à nos villes, à nos campagnes, la richesse dont elles jouissent, et qui les place au premier rang parmi toutes les contrées de la France. »

Ces utiles réflexions s'adressent surtout à ceux qui cherchent dans les régions du pouvoir les moyens d'une vie oisive, ou une compensation à leur peu d'activité : ils représentent la tendance la plus funeste au régime de liberté.

Telle est, en rapide aperçu, la réforme facile et sans danger qui nous semble répondre aux besoins de la situation, à ceux des gouvernants comme à ceux des gouvernés; car c'est en vain qu'on attendrait une amélioration sociale des mesures qui ne répondraient pas aux uns et aux autres. La société subsiste par deux principes : le pouvoir et la liberté. Tout ce qui nuit à l'un pour servir l'autre ne saurait engendrer que le trouble. C'est par l'accord de ces deux principes, par le jeu libre des institutions, par le concours relatif des capacités et par le contrôle d'une opinion publique éclairée sur les effets qui résultent de son action, que le pays peut voir sa situation améliorée. Il attend encore d'être initié aux conditions du régime de liberté, à l'exercice de ses droits par la pratique des devoirs qui sont la garantie du bon usage qu'il est appelé à en faire.

# DES INTÉRÊTS GÉNÉRAUX.

**Les intérêts particuliers dépendent des intérêts généraux ; et la prospérité de ces derniers dépend de tous sous le régime de liberté.**

L'individualisme, la maxime, *Chacun pour soi et Dieu pour tous*, c'est la négation du régime de liberté. Chacun le sent et se plaît à en douter; le démontrer est donc nécessaire.

Sous notre régime, l'intérêt particulier ne peut être satisfait aux dépens de l'intérêt général, sans qu'il en résulte un désavantage continuel cent fois plus nuisible à soi, que l'intérêt égoïste satisfait en violation du devoir social ne peut être utile. Et cela, parce que l'intérêt général répondant aux besoins permanents de chacun, les intérêts particuliers ne peuvent trouver leur condition de prospérité dans ce qui préjudicie au bien de tous. Pour s'en convaincre dès ce moment, il suffit de songer que pendant qu'elle nous fait travailler exclusivement à notre intérêt, la maxime du *chacun pour soi* dicte aux autres de se satisfaire à quelques égards à nos dépens. A un point de vue de pur égoïsme, cette maxime est donc encore un mauvais calcul, puisque dans la pratique elle se réalise ainsi : un pour soi et tous contre soi; parce qu'étant pour soi seul on est contre tous.

S'ensuit-il que l'égoïsme naturel n'ait pas sa juste, sa nécessaire, son indispensable mesure d'application? S'ensuit-il que l'on doive se dévouer à l'intérêt général avant d'assurer ses propres intérêts ?

Dans les circonstances ordinaires, une telle abnégation serait déraisonnable. Elle n'est prescrite qu'au citoyen à qui une position sociale bien établie impose des devoirs sociaux et politiques d'une nature spéciale : à celui-ci, la satisfaction des besoins de la vie matérielle est assurée, pour lui donner dans l'ordre moral une tâche impérieuse et complexe !

Pour les autres, garantir les ressources nécessaires à sa propre existence et à celle de sa famille, est le premier devoir. Ce sentiment du *moi*, que la nature anime et qu'elle excite sans cesse en nous, n'a de déplorable, comme les meilleurs principes, que l'abus qui en est fait; abus qui, par suite de l'économie harmonique de l'univers, préjudicie à nous-mêmes. Le sentiment du *moi* est le premier de tous, tant qu'il s'exerce dans la juste limite de son droit. Il faut des existences individuelles solidement établies pour former une société. Le bonheur d'assister les autres n'est donné qu'à celui qui sait pourvoir à ses propres besoins. Aussi, cette activité prévoyante, cette énergie qui agit sans cesse en nous, comme à notre insu, dans le but d'assurer notre avenir, est-elle la source vitale de l'état social, comme un des premiers attributs humains. Conséquemment, dans toute société, les intérêts particuliers ont leurs droits légitimes, garantis par les lois fondamentales ; ils y sont sans cesse protégés par le pouvoir exécutif, et assistés par la puissance législative : c'est de leur prospérité que dépendent la richesse et la grandeur nationales.

## I.

Sous le despotisme, les intérêts particuliers absorbent toute l'activité des citoyens; ils sont presque l'unique but de tous les efforts. Le pouvoir y développe cette tendance pour détourner de la préoccupation des affaires publiques, dont il est seul gardien. Là, l'essor des facultés de tous genres est limité par des obstacles matériels; souvent même il est comprimé; le citoyen y a peu ou point de droits susceptibles d'agir sur l'intérêt public : il a donc peu de devoirs à l'égard de ce dernier. Il s'habitue même, par suite de la contrainte qu'on lui impose, à confondre cet intérêt avec celui du gouvernement, dont il se considère l'adversaire. De là vient l'extrême indifférence que les peuples qui arrivent au régime de liberté, gardent pendant longtemps pour l'intérêt social, surtout si le pouvoir conserve quelques allures du despotisme.

Cette tendance est subversive de la prospérité de chacun par la subversion des intérêts généraux. Chacun, ayant sa part d'action sur ces derniers par les nouveaux droits acquis, y cause le trouble qu'il ne lui était point donné de déterminer sous l'absolutisme. Dans chaque classe, dans chaque profession, on ne tarde pas à s'en ressentir.

Avec l'accroissement progressif des populations, sous le régime de liberté il ne suffit pas, pour subsister sans trop de gêne, de désirer, de chercher de l'occupation et d'être laborieux. Une des premières nécessités imposées à chacun par ce régime, c'est d'aider à prévenir ce qui peut diminuer le travail; c'est d'appliquer l'essor de ses facultés à s'en assurer d'avance, à découvrir les lieux qui en présentent; c'est, en un mot, d'aider à produire et à féconder le travail et tous les moyens de subsistance. Cette nécessité est la plus impérieuse de toutes, parce que le pouvoir ne peut presque rien à cet égard sans le concours du pays tout entier. Voilà la différence la plus importante peut-être, et la moins remarquée, de notre régime avec le despotisme ! Aujourd'hui, la garantie du travail est toute dans la satisfaction des intérêts généraux; et, avec la liberté, ces derniers dépendent de nos coutumes tout autant que des efforts du pouvoir, car la valeur de ceux-ci dépend de l'attitude du pays. Quoi que nous objections, il en sera toujours ainsi : c'est l'ordre de la nature.

Nous avons exposé précédemment quelle est, sous notre régime, l'impuissance du pouvoir devant le trouble subversif que la liberté peut favoriser en l'absence des règles du devoir social. Ce trouble détermine toujours l'atonie des bons instincts et l'agitation des mauvais, puisque la timidité est le caractère des premiers, l'audace celui des seconds. Le pouvoir laisse alors les travaux d'amélioration pour se préoccuper des manifestations qui l'inquiètent. Les difficultés qui l'atteignent déterminent bientôt l'accroissement des charges publiques; l'armée, la police, les fonctionnaires, tout devient insuffisant. Ce n'est pas seulement les impôts qui augmentent ; le moindre chiffre ajouté aux patentes est le motif d'une élévation du prix de chaque denrée et de tous les produits du commerce.

La gêne et l'inquiétude sortent de cette situation ; elles en font fuir les capitaux et rendent cher le peu qui en reste. L'industrie se trouve frappée dans son principal élément; elle diminue ses travaux en même temps que le prix des salaires. Dans un temps de malaise, chacun n'achète que le strict nécessaire. Ici ce sont des employés, là ce sont des ouvriers qui perdent leur travail. Les faillites les plus imprévues se déclarent; la défiance devient permanente; les moyens d'existence sont excessivement difficiles à se procurer; ils se trouvent d'autant plus insuffisants que le progrès des idées fait naître de nouveaux besoins. En un mot, dans une société réduite à cette situation, il n'y a d'existence certaine pour personne. Par suite du trouble et de la souffrance de chacun, le dégoût de la vie et la démoralisation s'y propagent : la société travaille chaque jour à sa propre dissolution.

Telles sont, en rapide aperçu, les tristes conséquences que le dédain des intérêts généraux détermine sous le régime de liberté.

Au contraire, si, en travaillant pour soi, chacun s'efforce de concourir au développement de l'intérêt général, la situation est toute différente; chaque industriel, chaque employé, chaque ouvrier, trouve alors une ressource assurée et suffisante dans son travail, dans sa position. Pouvoir, capitaux, industrie, tout est encouragé par un état de calme et de confiance; tout concourt au bien-être de chacun, et surtout à celui des classes ouvrières.

Il faut donc redire que sous le régime de liberté, *préjudicier à l'intérêt général, c'est toujours nuire à son propre intérêt; c'est tarir les sources des moyens de subsistance et du travail.* Rappeler la vérité de cette maxime et en préciser l'application, c'est en ce temps un des premiers devoirs du publiciste.

## II.

Sans doute il est difficile de ne pas admettre les considérations qui précèdent; mais on veut se dispenser d'en tenir compte par l'objection suivante si généralement répétée : le pouvoir use souvent de l'autorité pour servir l'ambition de ceux qui le dirigent; nous qui avons moins de ressources, et qui sommes moins éclairés, nous avons bien plus le droit d'agir dans le même sens: c'est au pouvoir qu'est échue la tâche de défendre les intérêts généraux!

La première réponse à cette objection, est que le pouvoir voit les intérêts généraux dans les siens, parce qu'il est le palladium de l'ordre social! A tort ou à raison, il voit encore les mêmes intérêts dans l'ambition politique des hommes qui le dirigent. Il ne peut penser autrement tant qu'il a foi en son système, tant qu'il le croit le meilleur. Ses efforts pour le maintenir sont l'énergie nécessaire à l'accomplissement de tout travail d'État de quelque importance; ils sont l'âme de tout progrès par la lutte des opinions. Les prescriptions législatives et les règles du devoir social et du devoir politique sont le seul frein imposé à de tels efforts.

A ceux qui ne pensent pas que les difficultés de la tâche des gouvernants et l'impossibilité pour le public de les apprécier complétement soient une raison suffisante pour rejeter l'objection sus-mentionnée, nous dirons :

S'autoriser de l'abus que les gouvernants peuvent faire de leur autorité pour se dispenser de remplir son devoir, serait le même égarement qui consiste à dédaigner la loi morale religieuse, parce que quelques prêtres suivent des voies d'erreur. Se nuire parce que d'autres se nuisent, se rendre coupable parce que d'autres font des fautes, a toujours été une logique coupable, punie par l'ordre providentiel de la nature et par les lois divines comme par les lois humaines !

L'excès de zèle, l'exagération de l'idée que l'on représente, la disposition à servir les intérêts qui se rattachent aux nôtres, à nous croire seuls capables de réaliser le bien, toutes ces tendances sont naturelles et communes à chacun. Les gouvernants, comme les prêtres, y sont sujets, parce qu'ils ne sont que des hommes. Il est impossible que les uns et les autres ne commettent pas de grandes fautes dans l'accomplissement des fonctions difficiles qui leur sont départies. A cause de ce mal inévitable, dédaigner l'intérêt général, ne serait-ce pas le fait d'hommes insensés?

## III.

Que l'on soit sévère envers ceux qui sont honorés de la charge pénible et difficile de gouverner la société, c'est un droit et c'est un bien. L'honneur et la puissance nationale grandissent au milieu de cette indignation populaire qui gronde spontanément sur le moindre doute d'actes corrupteurs que l'on observerait à peine en d'autres pays. Soyons fiers d'un tel usage de nos droits : combien de peuples très-civilisés peuvent nous l'envier [1] ! Mais le devoir qui répond à

[1] L'esprit de rivalité qui porte quelques publicistes étrangers à feindre de s'apitoyer sur notre état social, pour faire oublier, s'il était possible, la triste situation du leur, oblige à faire remarquer toute la virilité de l'esprit public en France. Non, il n'est pas de pays qui, comme nous, ne veuille rien cacher, rien taire de ses misères morales : parce que, chez nous, ces misères sont fugitives ; aujourd'hui elles sont inhérentes à notre situation

ce droit, et sans lequel ce droit n'est plus légitime, c'est une sévérité équivalente envers nous, pour nos devoirs envers l'État, envers les intérêts généraux.

Que penserait-on d'un propriétaire de domaine, qui d'une part réclamerait à son intendant une administration féconde, et de l'autre se dispenserait de toutes les obligations qu'il aurait à remplir en faveur de sa propriété? L'intendant ne justifierait-il pas son peu de réussite, ses fautes mêmes, par l'absence du concours qui lui est dû? Si on lui reprochait de l'indifférence pour les intérêts permanents du domaine et trop de

transitoire. Il n'est pas de pays qui ait autant que nous, dans la publicité, dans les avertissements donnés à l'esprit public, un remède à tous les maux, parce qu'il n'est aucune autre nation possédant au même degré, avec une activité d'intelligence toute spéciale, l'amour du bien et de l'humanité, la confiance en sa force et en sa moralité nationales! C'est cette confiance, portée à l'excès, qui fait dédaigner en France les intérêts généraux : mais des avertissements convenables éclaireront bientôt sur ce danger.

tendance à y cultiver les produits de moindre valeur, sans donner assez de part à ceux que le terroir est appelé à féconder, ne pourrait-il pas répondre : Ceux-ci réclament des moyens que vous deviez fournir et que vous avez refusés ; votre indifférence, à vous de qui je tiens ma charge, excuse mon insuffisance !...

Sans prétendre justifier par cette réflexion les faiblesses reprochables à tout pouvoir, il est incontestable qu'elle explique pour chaque temps un grand nombre des faits articulés contre les gouvernants. Pour s'en convaincre, il ne faudrait que s'introduire dans les régions ministérielles ; on y entendrait répéter souvent : Il est regrettable d'employer telle mesure ; mais n'y sommes-nous pas contraints ? Le dévouement à l'intérêt général n'existe nullement dans la société ; chacun n'y voit que soi ; au lieu de concours, le pouvoir ne rencontre que des obstacles; là nécessité le justifie!...

Les gouvernants renvoient ainsi aux citoyens, avec non moins de motifs, l'accusation d'individualisme que l'Opposition leur adresse : il y a donc lieu de s'accuser tous ensemble.

Nous ne pouvons méconnaître que le pouvoir a une immense responsabilité; qu'il a pour suprême devoir de maintenir, d'assurer la sécurité, l'ordre, sans lequel il n'y a plus de travail, plus de société. Si nous mettons à l'accomplissement de cette première obligation, des difficultés qui rendent impossible de satisfaire aux autres, de quel droit nous plaindrons-nous d'un mauvais gouvernement, nous citoyens dont les gouvernants sont les mandataires? Comme citoyens, nous censurons, nous renvoyons, nous jugeons les secrétaires d'État, indirectement par nos journaux, par notre action sur les affaires publiques et sur le corps électoral, et directement par les délégués du pays à la représentation nationale. Avons-nous suffisamment réfléchi que cette action participe de la plus haute magistrature, et conséquemment qu'elle en impose les devoirs? Avons-nous bien remarqué qu'elle s'exerce par tous, quoi que l'on dise de contraire?...

Elle impose donc des devoirs très-spéciaux, à défaut desquels il faudrait plus tôt ou plus tard succomber au trouble moral qui se manifeste déjà : le régime de liberté n'étant durable et n'étant possible qu'avec le dévouement de tous en faveur des intérêts généraux!...

# FAITS POLITIQUES.

### De leur appréciation.

Vu surtout l'impressionnabilité du caractère national, on ne saurait douter que, pour former de bonnes mœurs politiques, il est important d'appeler l'attention sur la difficulté que présente l'appréciation des affaires publiques.

Pourquoi est-il si difficile d'apprécier la valeur morale des moindres actions des hommes? Parce que le véritable motif déterminant échappe presque toujours. Nous apercevons celui qu'on a intérêt à nous montrer; mais, pour le motif réel, on est réduit aux conjectures. La science des causes, que les anciens ont si justement appelée philosophie, est un livre d'hiéroglyphes : combien est petit le nombre de ceux qui sont capables d'y lire couramment!

S'il en est ainsi pour les faits les plus simples de la vie privée, pourra-t-on s'étonner du labyrinthe qu'il faut parcourir pour arriver aux causes toujours nombreuses et complexes des faits politiques et sociaux, pour être à même d'assigner à chacune d'elles sa part d'influence et pour s'assurer qu'aucune ne nous échappe?

On a pensé que la liberté de la presse mettait ce travail à la portée de tous. Parmi les avantages qu'elle assure, on peut placer un empressement attentif à recueillir tous les symptômes et tous les faits dont les apparences trompeuses ou réelles deviennent saisissables. La presse initie aux causes et aux motifs que le pouvoir et chaque parti sont intéressés à déclarer. Mais si l'on observe les assertions contradictoires émises sur toutes matières par ses organes, on ne tarde pas à se convaincre de la difficulté qu'elle laisse à la juste appréciation des affaires publiques. Sans elle, on ne connaîtrait que ce qu'il plairait au pouvoir de révéler ; aucune éducation politique ne serait possible. Avec elle, il reste à être garanti contre les séductions de l'erreur, les entraînements de tous genres, et le machiavélisme des partis.

Pour s'éclairer par la presse, il serait nécessaire de lire ce qui est écrit sur chaque question par les intérêts opposés ; on aurait alors quelques chances d'arriver à la réalité. Mais un travail de ce genre n'est possible qu'à très-peu de personnes. Il est même bien difficile à ceux qui ont dû se l'imposer comme profession. Toujours il leur échappe quelque fait essentiel qui vient plus tard modifier, changer même, l'opinion qu'ils avaient crue formée sur une connaissance complète des circonstances. Les renseignements puisés à une source officielle sont eux-mêmes sujets à égarer : généralement, ils ne présentent qu'une face des affaires. Il en est toujours une seconde, qu'un temps plus ou moins long est seul appelé à révéler.

Aussi, combien d'années faut-il laisser écouler avant de demander à l'histoire un exposé complet des moindres événements! Jusque-là que d'assertions trompeuses prennent place dans les livres et s'y trouvent corroborées par une foule de faits, qu'on est intéressé à en déduire ou à y rattacher.

Cependant, chacun, après avoir lu son journal de prédilection, est prêt à soutenir, comme la seule raisonnable, l'opinion qu'il s'est formée. Si, après avoir observé chez un citoyen cette confiance aussi ferme que sincère, on interroge l'adepte d'un autre parti, on y trouvera la même ardeur, la même sincérité, à soutenir pour la vérité ce que dans l'autre camp on refuse positivement d'admettre. Et de part et d'autre on est intelligent, on est honnête, on veut le bien de la patrie ! Voilà ce qu'il faudrait se rappeler avant de formuler aucun jugement définitif sur les affaires publiques : les intérêts généraux en seraient favorisés.

Maintenant, oublions les partis pour considérer l'appréciation des affaires publiques par les hommes qui veulent résister à de telles influences. Malgré la volonté de rester impartial, n'apporte-t-on pas dans l'appréciation de telles affaires, comme en toute application de son jugement, ses tendances, ses préventions, ses intérêts ! L'homme qui s'observe, qui sait lire jusqu'au fond de son âme à travers les impressions diverses de sa nature, celui-là confesse qu'il est influencé, malgré lui, pour la formation de ses opinions !

Il est bien peu d'hommes dont la force morale et la rectitude du jugement soient assez puissantes pour leur faire condamner ce qui assure le triomphe de leurs idées ou de leurs intérêts, lorsque ce triomphe doit s'accomplir par des moyens nuisibles à l'ordre social.

Arrêtons-nous encore à considérer que l'on s'accorde à peine sur les faits dont on est témoin, et nous serons facilement convaincus de la diffi culté d'en apprécier les causes et les conséquences. Cependant tout réside dans cette appréciation.

Pour bien sentir toute la vérité et la valeur de ces réflexions, il faudrait s'être livré à des études spéciales ; il faudrait avoir été placé, durant assez de temps, bien près de la direction des affaires publiques ; il faudrait s'être voué, pendant des années, à la recherche des documents et des preuves nécessaires pour écrire l'histoire. Alors, on insisterait, peut-être plus encore que nous ne le faisons, sur l'importance de telles considérations.

C'est surtout des affaires de l'extérieur qu'il est difficile, pour ne pas dire impossible aux simples citoyens, de se former une idée exacte pendant qu'elles s'accomplissent. Les Députés eux-mêmes ne sont point toujours informés de manière à les apprécier dès le principe. La connaissance de tous les faits leur est rarement fournie avant la dernière solution. Après avoir assisté, en plusieurs pays étrangers, à quelques affaires des plus importantes que la France ait eues dans les dix dernières années, nous avons appris par expérience qu'il est difficile de se persuader jusqu'à quel point les principaux organes des premières nations constitutionnelles paraissent ignorer la valeur des actes accomplis près des autres nations, par leurs gouvernements.

Le fait suivant, emprunté à l'histoire contemporaine, est à nos yeux un enseignement digne d'être médité.

Au milieu d'une crise politique qui plaçait un État de second ordre sous le coup d'une occupation militaire partielle, faite par un voisin puissant, une grande nation qui se fait gloire de défendre les nationalités en péril, occupa la citadelle du port principal de l'État dont l'indépendance venait d'être méconnue ; et cela pour être à même de mettre obstacle aux vues dominatrices qui menaçaient ce pays. Après une occupation assez prolongée, les troupes de la nation protectrice se retirèrent spontanément lorsque la situation n'avait pas changé en apparence; les faits extérieurs étaient toujours les mêmes : mais souvent, en politique, il n'y a rien de plus trompeur que de tels faits.

A la retraite spontanée de la garnison de la citadelle, les partis de l'Opposition, dans le pays qui l'avait fournie, qualifièrent cet acte de faiblesse coupable. Selon eux, il compromettait la sécurité de l'État qu'on avait voulu assister, ainsi que la dignité et les intérêts nationaux de leur propre royaume. Cette opinion devint très-générale, même chez les hommes les plus impartiaux. Appelé à donner des explications à la tribune des Chambres, le Cabinet n'en put présenter que d'insuffisantes. Les grands intérêts dont il était chargé lui faisaient un devoir de taire ce qui aurait été pour lui une éclatante justification. Dès lors on donna à ce fait, presque dans tout le pays, la proportion d'une atteinte grave portée à l'honneur national. Ébranlé par l'agitation, conséquence de cet événement, le ministère ne tarda pas à succomber.

Des années s'écoulèrent. Un des publicistes qui avaient soutenu avec le plus d'ardeur les arguments de l'Opposition, relativement à cette circonstance, fut appelé à voyager dans le pays dont son gouvernement avait occupé la citadelle en vue de le protéger; et bientôt il y éprouva une de ces déceptions qu'on n'oublie jamais.

A son grand étonnement, le rappel spontané de la garnison étrangère de la citadelle n'y était rappelé, par tous les habitants, qu'avec admiration, en des termes à satisfaire toute sa fierté nationale. Après s'être éclairé sur les lieux aux sources les plus sûres et les plus authentiques, voici sous quelle face nouvelle cette circonstance lui fut révélée.

La puissance voisine s'autorisait de l'occupation de la citadelle par d'autres étrangers, pour maintenir et asseoir son occupation territoriale qui s'étendait sur plusieurs provinces et s'accomplissait par un corps de troupes vingt fois plus considérable que celui de la place forte. Cette milice était occupée, surtout, à exciter les populations contre le gouvernement légitime et à leur faire désirer une autre nationalité. De puissants et d'ingénieux moyens d'action étaient employés à cette fin. Une telle situation devenait un véritable péril pour l'État qui subissait l'occupation.

Négocier pour la retraite simultanée, c'eût été prolonger indéfiniment une situation devenue chaque jour plus dangereuse. Abandonner la citadelle pour contraindre l'occupation territoriale à cesser immédiatement, c'était un de ces actes de politique chevaleresque, dont la force morale s'apprécie difficilement. C'était à-la-fois de la grande et de l'efficace politique; on ne s'imposait même ainsi aucune chance désavantageuse : on abandonnait un poste qu'il était plus facile de reprendre que de quitter : les adieux sympathiques de la population le prouvèrent assez. Cependant, c'est ce fait qui avait soulevé l'indignation des organes de l'Opposition[1], et par suite celle de tout le pays. Il avait déterminé la chute du cabinet qui honorait le pays en l'accomplissant !...

[1] L'Opposition d'alors comprenait, comme chacun le sait, une grande partie du parti ministériel de ce jour.

Voilà où conduit l'ignorance inévitable de la réalité dans les affaires publiques. Il est à remarquer que dans la capitale, plusieurs chefs de l'Opposition eurent, touchant cette circonstance, des détails précis de nature à former leur jugement; mais, voyant que le Cabinet ne pourrait faire valoir publiquement les motifs réels de sa détermination, parce qu'il aurait fallu pour cela médire officiellement d'un autre gouvernement, on a profité de la circonstance pour lui faire une position insoutenable : les intérêts de parti se sont satisfaits aux dépens de la vérité. Ce fait n'est-il pas de ceux qui peuvent inspirer quelque salutaire réflexion, touchant la crédulité qui nous fait admettre trop facilement comme réelles, les assertions présentées par nos organes de prédilection?

Il faut conclure de ces considérations, que les

affaires publiques qui semblent le mieux expliquées, permettent rarement au simple citoyen de les juger immédiatement sans une juste défiance de ses lumières.

Il faut en conclure, surtout, que les gouvernants et les représentants du pays ne sauraient accepter de mandats impératifs ou exprimés en termes absolus, sans renier les principes qui sont la garantie du régime représentatif. Ils reçoivent un mandat de confiance ; ils l'accomplissent sous leur responsabilité; ils doivent en rendre compte. Mais du jour où ils auraient consenti à n'être que les instruments de volontés toujours plus ou moins insuffisamment éclairées, ils auraient attenté aux conditions mêmes de la souveraineté nationale.

## DU RÉGIME DE LIBERTÉ.

Des répugnances qu'il inspire encore. — Elles résultent des déceptions qu'il présente, de la préoccupation pour les droits et de l'oubli des devoirs.

Dans l'état de civilisation où se trouve l'Europe, quoique le gouvernement monarchique absolu soit la négation presque complète des progrès sociaux auxquels l'humanité est appelée, les représentants les plus sincères, les plus éclairés de ce principe, persistent à le considérer comme le meilleur, malgré la presque unanimité de l'opinion publique européenne.

Ils reconnaissent que la partie administrative de leur pouvoir doit être améliorée; que les populations ne sauraient plus être aussi arbitrairement, aussi mal gouvernées qu'elles l'ont été; mais, plus que jamais, ils restent persuadés qu'un certain degré de despotisme est nécessaire pour assurer l'ordre dans les sociétés.

Parmi les faits nombreux qui nous tiennent ce langage, il en est un qui domine tous les autres : c'est la résistance loyale, ferme, et peut-être téméraire, du consciencieux roi de Prusse, aux justes vœux d'un peuple que son caractère et ses lumières placent au premier rang parmi les nations civilisées.

Les partisans d'un pouvoir semi-despotique s'autorisent, surtout aujourd'hui, des résultats décevants, à plusieurs égards essentiels, que donnent en Europe les gouvernements représentatifs.

On ne peut contester en effet, que jusqu'à ce jour les gouvernements représentatifs, soit qu'ils cèdent, soit qu'ils résistent aux tendances des populations pour la liberté, ne savent et ne peuvent maintenir l'ordre matériel qu'aux dépens de ce qui assure le règne de l'ordre moral. Dès qu'on remarque la réalité de cette situation, les progrès scientifiques qu'elle laisse s'accomplir ne semblent-ils pas avoir de l'analogie, dans leur cause, avec ces fleurs que l'on fait éclore sur quelques plantes à l'aide d'un engrais qui en dessèche insensiblement les racines?

Si, comme quelques écoles le prétendent, l'ordre social actuel était usé; s'il devait se dissoudre pour faire place à une organisation posée sur d'autres bases, les efforts de tous les hommes éclairés devraient avoir en vue l'accomplissement pacifique d'une nouvelle révolution.

Dirigé par cette pensée, depuis longtemps nous nous sommes demandé sérieusement, si notre ordre social n'avait point fait son temps ; si les doctrines nouvelles, présentées par différentes écoles, n'étaient pas appelées à le remplacer. Nous avons fait plus : persuadé que, surtout en de telles matières, les erreurs sont plutôt relatives qu'absolues, et que chaque doctrine renferme au moins quelque parcelle de la vérité, après avoir médité les nouvelles théories, nous nous sommes demandé s'il n'y aurait pas une autre organisation à créer par l'alliance ou la fusion de leurs idées les plus heureuses, ou par l'adoption pure et simple d'un de leurs plans.

Une telle méditation, faite de concert avec

quelques amis d'autres nations, nous a conduit à la persuasion suivante :

Les nouvelles doctrines sociales émanent d'intelligences ardentes et généreuses, fortement impressionnées par les souffrances de notre état social. Les moyens qui leur ont paru propres à guérir les maux dont elles ont le plus été frappées en feraient naître d'autres plus dangereux encore ; ils détruiraient les garanties de la liberté individuelle, base de tout ordre social ; ils disposeraient les instincts à un matérialisme qui est la négation des plus nobles attributs de l'homme : pour nous arracher à un état de trouble, ils nous conduiraient au chaos.

D'autre part, l'ordre social actuel, loin d'avoir fait son temps, entre à peine dans la première phase de transformation que les principes proclamés en 89 l'appellent à subir. Il repose sur les bases posées par la Création et développées par le Christianisme : la famille et la propriété.

Il nous a semblé, en même temps, que l'on n'a point encore pratiqué réellement un tel régime, dont les chartes constitutionnelles n'établissent que les bases générales. On n'a encore appliqué qu'une partie très-incomplète des règles qu'il comporte ; et, par suite, la société se trouve dans la situation d'un malade qui doit prendre une potion où plusieurs végétaux puissants de natures contraires déterminent la vertu calmante et tonique qui doit le rétablir. Si, dans la préparation du médicament, on oublie un des éléments essentiels, les diverses puissances médicinales n'étant plus pondérées par l'heureux mélange qui devait les rendre salutaires, la potion irrite, affaiblit davantage le malade, jusqu'à ce que, reconnaissant l'erreur, on vienne la réparer par l'emploi de l'élément essentiel dont la combinaison avec les autres faisait la valeur régénératrice du médicament proposé.

Les peuples ne marchent que pas à pas, d'épreuve en épreuve, comme de véritables écoliers qu'ils sont, dans la carrière du progrès social. Proclamer leurs droits et les faire reconnaître était beaucoup. Il semble que cet effort ait épuisé toutes les forces. Après avoir fait un si grand pas, on a cru que pratiquer les principes conquis ne pouvait pas présenter de sérieuses difficultés, ou plutôt on ne s'est pas interrogé bien sérieusement sur les conditions du nouveau régime. Il est facile de s'en convaincre en consultant le langage des hommes politiques. Au bénéfice du pouvoir ou en faveur des citoyens, sans cesse ils réclament de nouveaux droits. Selon leur langage, les nouveaux devoirs consistent à ne pas négliger l'exercice des droits.

Cependant, si le trouble qui nous envahit résulte d'un manque de lumières touchant les règles du nouveau régime et l'exercice des libertés acquises, il est bien moins urgent de développer les droits que de rechercher comment on doit en user. Le premier de ces deux moyens, s'il peut déterminer la retraite des gouvernants en fonction, ne facilitera pas à leurs successeurs une meilleure pratique du pouvoir. Au contraire, un plus grand nombre de droits mal exercés de part et d'autre rendront de plus en plus difficile ce qu'il importe à tous au plus haut degré : d'avoir un gouvernement dont la puissance soit éclairée, bienveillante et féconde.

Ce qui est indispensable sous le régime de liberté, c'est donc d'établir l'équilibre entre les droits et les devoirs, d'enseigner et de pratiquer les uns autant que les autres, de les préciser et de les rappeler. Depuis cinquante ans, si la jeunesse, naturellement amie du vrai, avait été initiée aux obligations que la liberté impose, gouvernement et citoyens se seraient éclairés mutuellement au lieu de s'abandonner autant aux défiances. Aujourd'hui, nous ne serions pas privés des premiers avantages de notre régime; nous ne serions pas réduits à recueillir tant de fruits amers d'une législation formée sous l'empire de nécessités subversives : alors on aurait rendu indispensable et facile au pouvoir de remplir ses obligations; on aurait acquis le droit d'être exigeant envers lui, car il aurait été sans motif d'excuse pour toute transgression des principes.

Le devoir social, sous le régime de liberté, n'est donc point, ainsi que les partisans des vieilles maximes ont paru le déclarer, la soumission aveugle, l'abnégation de ses droits devant les exigeances du pouvoir. Non, tel n'est point le devoir que nous avons essayé de faire comprendre. Au contraire, celui dont nous appelons la pratique, c'est le fondement sur lequel doit s'établir la liberté. S'il fait défaut, la liberté reste sans base et sans palladium. Séparée de lui, elle n'est qu'un arbre sans racine et sans fruits, qui, constamment ébranlé par l'orage, va succomber sous les coups du premier aquilon. Le *devoir-social* appelle le citoyen à être fort pour réclamer ses droits, en lui apprenant à en user d'une manière toujours utile à l'intérêt général comme au sien. En un mot, ce devoir, tel que nous tâcherons encore de le faire comprendre et de le formuler, s'établit pour l'agrément et le bien-être des populations, en éclairant chacun sur les rapports des gouvernants et des gouvernés, et sur ceux des classes entre elles, de manière à garantir sans cesse l'indépendance et la prospérité de tous, par l'ordre moral et par le progrès des idées et des mœurs.

## DEVOIRS DES CLASSES ENTRE ELLES [1].

**Leur situation respective, leurs rapports, leur solidarité en vue du bien-être de tous.**

Les considérations exposées précédemment touchant les partis en général, relativement aux fonctions que l'ordre providentiel de la nature les appelle à remplir dans le monde politique,

[1] Classes ! Le mot *classe* n'emporte aucune idée d'exclusion ni de privilége. Il marque l'ordre ; il distingue par les qualités les êtres qui sont semblables par leur genre et par

s'appliquent aux classes dans l'ordre social. Elles ont aussi chacune une tâche spéciale dans l'œuvre de l'humanité. Elles ont donc à se demander si elles accomplissent leur mission, et si elles élèvent la jeunesse dans la pensée des devoirs qu'elle aura à pratiquer; le progrès, propre à déterminer le bien-être de tous, dépendant entièrement de la pratique des devoirs de chaque classe. Hors

leur nature. Genre, espèce, classe, individu, ces mots sont indispensables pour se reconnaître au milieu de l'infinie variété des êtres. Chaque règne de la nature se subdivise par classes. L'ordre moral en établit un nombre indéfini dans l'humanité : la législation la plus égalitaire ne peut l'empêcher qu'en ramenant tous les hommes à l'état de la brute. — Ce n'est pas sans nous faire une violence pénible, que les lignes qui précèdent ont pu être tracées ; mais on nous les a imposées en quelque sorte, prétendant qu'elles sont nécessaires pour que certaines préventions ne s'abusent pas touchant notre pensée. En cédant à cette prétendue nécessité, nous prions le lecteur de nous pardonner, si cette note lui semble une injure faite au bon sens public.

de là, il n'y a, sous le régime de liberté, que troubles, vicissitudes, désastres à attendre d'un accroissement continuel des populations, sur un territoire dont les ressources et l'étendue sont limitées. Le secours que l'on peut attendre de l'émigration est de peu de valeur : l'expérience l'a prouvé.

Le plus complexe des nombreux problèmes dont l'époque actuelle nous impose la solution, consiste à réaliser l'ordre et le progrès, avec une population deux fois plus considérable que celle du siècle dernier. Le résultat à obtenir se formule ainsi : deux fois plus de travail ou de ressources. On ne peut y atteindre que par une législation en harmonie avec de tels besoins, et par des institutions de l'ordre moral.

Il y a dans notre situation sociale un fait qui appelle la plus sérieuse attention de tous : c'est la fécondité extrême des classes du travail manuel, pendant qu'elles perdent en bien-être. La dégradation morale y détermine un accroissement de population ; ceci paraîtra moins surprenant quand on aura observé, plus loin, comment elles se forment. Depuis 1830, la population de la France s'est accrue d'environ quatre millions d'âmes, exclusivement presque par les classes ouvrières. C'est celles-ci surtout, on le voit, qui perdent du travail et voient diminuer le fruit de leur labeur. Il faut donc que par les progrès scientifiques de l'industrie, les objets *nécessaires* à l'existence diminuent de prix en proportion de l'abaissement du salaire, et cela pendant que l'accroissement des populations les rend beaucoup moins abondants. Il faut qu'un salaire raisonnable soit le prix de tout travail, sans que la liberté indispensable à l'industrie puisse être compromise; et il faut surtout assurer du travail à tous les bras.

Nous avons dit : *il faut!* et nous devions le dire, quelles que soient les difficultés sans nombre que présente l'accomplissement de cette tâche. Mais ce n'est pas sans éprouver un frémissement mêlé de crainte autant que d'espérance, que nous considérons le sens irréfutable des lignes qui précèdent. Car il le faut! oui, il le faut résoudre, ce problème aux mille arcanes : notre sort à tous en dépend! Pourquoi le taire au pays? Pourquoi ne pas l'exposer à toutes les classes, et sans délai, puisque leur concours est indispensable à sa solution?

Ah! soyons-en sûrs, à la vue de ces chiffres de population et de subsistance, de bras et de travail insuffisant, d'hommes qui pensent, sentent et souffrent de plus en plus; ah! soyons-en sûrs, à cet aspect la nation sera émue et préoccupée; elle commencera à distinguer ce quelque chose d'extraordinaire, menaçant et mystérieux, qui nous atteint déjà partout, dont chacun semble vaguement pressentir la cause, sans pouvoir l'expliquer, et que les hommes d'État définissent : symptômes d'anarchie [1] !

Oh! alors, la question des droits politiques paraîtra bien petite devant les abîmes que l'indifférence ou la peur ne couvriront plus qu'à demi.

[1] Les assertions portées à la tribune des Chambres par les membres mêmes de la majorité, ainsi que le langage des organes du parti conservateur, prouvent combien ce sentiment est devenu général. On en pourra juger par les citations suivantes :

«...... Le vertige est dans les têtes, le doute est dans les âmes. On ne sait que croire et que proscrire. Si rien n'a été fondé, tout a été ébranlé. On dirait que la société se déserte elle-même, qu'elle se plaît au milieu des ruines, qu'elle prête les mains à sa propre destruction.» (M. Louis Reybeau, député conservateur.)

«....... Sans rien voir à travers un prisme de parti, nous

La nation l'a déjà compris : le moment est venu de mettre chacun la main aux cordages du navire national, pour l'empêcher de s'abîmer dans le gouffre d'une violente révolution sociale!

Les difficultés devant lesquelles se sont dissoutes, puis anéanties, ces nations célèbres qui ne laissent, à nos regards surpris de leur absence, que des ruines de pierre gisantes sur un sol désert, étaient bien moins terribles que celles qui interrogent nos consciences à chacun de nos pas, dans les cités industrielles.

marchons vers quelque chose d'effrayant et d'inconnu, vers la solution d'un problème qui touche à la faim, à la misère, à la démoralisation. (Page 172.)..... Si l'on s'endort sur le danger, alors nous marchons vers l'affreux état social de l'antiquité que le Christianisme avait heureusement détruit. (Page 373.)..... Le seul sentiment qu'on éprouve, c'est celui d'un danger! (Page 376.) » *La Présidence du Conseil de M. Guizot, par un homme d'État* (ultra-conservateur).

Le langage de l'Opposition est encore plus expressif; nous nous abstenons de le citer.

Écoutons ce cri plaintif et haineux qui, s'échappant de Manchester, de Birmingham et de l'Irlande, fait pâlir dans ses antiques manoirs cette aristocratie anglaise, fondement de la puissance britannique. C'est le cri de la misère et de la faim, de la dégradation et du désespoir de nombreuses populations.

Mais, faisons silence, prêtons l'oreille : là, tout près de nous, du sein de notre France, n'entendez-vous pas déjà surgir sur plusieurs points ce même cri de détresse que l'insuffisance du travail fait pousser à tant de créatures des deux sexes? Approchez, considérez l'état de ces milliers de familles, et dites si la dégradation morale n'est pas près de les atteindre, même au milieu de ce pays, foyer des principes d'humanité!

Sans doute cet état de malheur n'est point

encore arrivé chez nous au même degré qui se révèle ailleurs. Mais, vous à qui ce langage s'adresse, vous savez bien que dans notre patrie une telle situation serait la ruine de tous. Vous n'ignorez pas que le caractère national n'a pas permis d'y constituer l'organisation sociale sur des bases aussi solides que celles d'Angleterre. Vous comprenez bien que ce calme apparent des classes ouvrières est la pratique d'un devoir qui en appelle un autre. Elles aussi savent comprendre qu'elles n'ont d'améliorations à attendre que d'un état d'ordre. Elles sont calmes parce qu'elles ont confiance en l'équité du pays politique et du gouvernement.

Mais on ne peut douter, que du jour où notre situation, sous ce rapport, serait identique avec celle de l'Angleterre, la France ne serait plus une puissance !

C'est donc une terrible et impérieuse nécessité, celle de veiller à notre propre conservation, qui nous impose de travailler sérieusement à la régénération de notre ordre social.

## I.

Mais, il y a une raison supérieure à celle-ci, une raison suprême, dictée par l'ordre moral : c'est le devoir imposé à chacun. Ce n'est pas nous qui en contesterons la valeur près de la grande majorité du pays légal : nous savons au contraire qu'il l'apprécie et qu'il s'apprête à le prouver par des actes plus significatifs que ceux du passé.

Si quelques hommes ont dit : Les classes les plus nombreuses souffrent, il en sera toujours ainsi plus ou moins, c'est leur sort! si quelques hommes ont pu tenir cet étrange langage, nous leur répondons que rien de plus impie ne saurait être soutenu; ce serait le plus odieux reproche adressé au Principe de toute justice, à l'Auteur de toutes choses, qui nous a fait dire que « les derniers seront les premiers, et que ceux qui s'élèveront au-dessus des autres deviendront les serviteurs de tous[1]. »

Lorsque la société a réglé équitablement les conditions dans lesquelles peuvent se satisfaire leurs besoins physiques et moraux, les classes du travail manuel sont appelées à une part de bonheur infiniment plus complète que celle dont jouissent les rangs élevés de la société.

L'ambition de l'ouvrier, s'exerçant dans des limites plus faciles à satisfaire, ne lui impose pas cette inquiétude dévorante, qui fait le supplice

1 Évangile saint Marc, c. IX, v. 34.

de l'homme placé parmi des rangs dans lesquels tout l'excite à se porter où il ne peut atteindre. Déchargé du souci de l'homme d'affaires, du labeur pénible de la pensée, auquel est voué l'homme d'études, il n'a pas, comme eux, ses veilles et ses nuits remplies par des préoccupations absorbantes : il peut souvent chanter en travaillant ; il se couche pour dormir. Et cependant les satisfactions de l'intelligence lui sont toutes possibles par la lecture. Le luxe, cet autre fardeau providentiellement imposé à certaines positions, ne corrompt pas, ne tarit pas ses plaisirs.

Dans son erreur, l'ouvrier est porté à envier l'équipage et la table de l'homme opulent. Il ignore que l'habitude d'aller en voiture et de jouir d'un repas luxueux, enlève à cette position tout le plaisir qu'y goûtent ceux qui en usent par extra, et qui sont, très-heureusement, l'immense majorité des hommes.

Pour trouver le vrai plaisir, l'homme qui jouit de l'opulence est obligé de s'isoler du monde, de se retirer dans la médiocrité, situation dans laquelle seule il retrouve les douces joies de la famille et du cœur. Si, entraîné par ses préoccupations, il ne peut se procurer de tels loisirs, ou si le pouvant il le néglige, on voit ses facultés et ses organes s'altérer bien plus rapidement que ceux de l'ouvrier : sa vie n'est qu'un supplice moral dont le mouvement l'entraîne comme malgré lui, malgré sa douleur. Aussi, le dégoût de la vie ne tarde pas à le prendre : ce dégoût n'existe-t-il pas plus encore dans les hautes classes que partout ailleurs! N'est-ce pas là que l'on trouve ces êtres blasés qui s'arrachent de la vie, parce qu'avec de l'or ils ne peuvent échapper à l'ennui qui les poursuit ! Le goût du travail pourrait seul les rendre au bonheur : malheureusement ils sont incapables de l'éprouver.

Quand ces faits sont observés, on reconnaît l'admirable économie qui a dispensé les rôles, sur cette terre, en donnant les jouissances les plus réelles à celui qui semble le moins favorisé, pour apprendre ainsi à se défier des apparences.

Mais il y a plus : l'homme du travail manuel ne concourt pas moins que les autres à l'œuvre sociale, quelque humble qu'y soit sa fonction, dès qu'elle est accomplie avec dévouement et intelligence, car cette fonction y est nécessaire.

C'est ainsi que, par l'esprit qui les anime, les hommes peuvent avoir tous, relativement, devant la société, comme devant la Providence, un mérite égal, de même qu'ils sont placés dans une situation d'égalité relative pour les peines et les plaisirs.

Cette harmonie résulte de l'accomplissement du devoir de chaque classe. Chacun a des droits, et chacun a des devoirs sociaux : le riche comme le pauvre; le prêtre comme l'homme d'État. Chaque droit répond à un devoir. L'altération prolongée de l'harmonie sociale ne résulte que de la méconnaissance ou de l'oubli de l'un d'eux.

La classe qui oublie ses obligations, si elle fait souffrir les autres, souffrira elle-même peut-être plus encore. Si la classe ouvrière souffre de l'indifférence du pays politique, pour l'équitable satisfaction de ses droits, tout est troublé alors dans l'ordre social; un malaise général se fait sentir; il détermine une perturbation universelle qui pèse lourdement sur le pays politique.

Si le travail manuel, égaré par des prétentions déraisonnables, veut troubler l'ordre social, il s'est frappé lui-même plus immédiatement, plus terriblement qu'il ne peut frapper les autres, parce qu'il a causé à tous le plus grave préjudice, et que son bien-être est inséparable du calme, de la sécurité et de la prospérité de toutes les classes.

Tous ces admirables effets de l'ordre moral, que l'impulsion harmonique de la Providence nous appelle à faire régner, ne sont pas suffisamment observés. S'ils l'étaient davantage, chacun trouverait agréable l'accomplissement de sa tâche; chacun serait ému, excité, enthousiasmé, en songeant à la part importante qui lui est donnée dans l'œuvre sociale; chacun serait heureux et fier en pressentant l'action du moindre de nos efforts sur cette harmonie universelle que ses bienfaits, comme son but pieux, nous convient à établir parmi les hommes.

Dans quelque rang que la nature nous ait

placés, il y a une tâche pénible à accomplir et des satisfactions proportionnées à nos peines et à nos facultés. Ce dont il est important de se persuader, et ce dont tout concourt à nous convaincre, c'est que nous ne naissons pas pour vivre au hasard dans la société, en ne nous préoccupant que de nous-même ou de nos proches.

Écoutons l'enseignement de la loi immuable et éternelle, touchant l'ordre social, car c'est toujours à elle qu'il faut revenir pour trouver les inspirations consolantes et régénératrices.

«Nous ne sommes tous ensemble qu'un même corps... Le corps n'est pas formé d'un seul membre, mais de plusieurs... Si tout le corps était œil, où serait l'ouïe? et s'il était tout ouïe, où serait l'odorat?... Et si l'oreille disait : puisque je ne suis pas œil je ne suis pas du corps, ne serait-elle point pour cela du corps?...

« Or, l'œil ne peut pas dire à la main : je n'ai pas besoin de votre secours; non plus que la tête ne peut pas dire aux pieds : vous ne m'êtes pas nécessaire.

« Au contraire, les membres du corps qui paraissent les plus faibles, sont les plus nécessaires. Si l'un des membres souffre, tous les autres souffrent avec lui ; et si l'un des membres reçoit de l'honneur, tous les autres s'en réjouissent[1]. »

Tel est l'enseignement de la plus haute philosophie. Tel est le langage du christianisme et celui de toutes les lois religieuses. L'homme, disent-elles, a été créé pour vivre dans l'état de société ; c'est la volonté de l'auteur de toutes choses. C'est pour cela que les lois révélées ont prescrit, dans tous les temps, non-seulement des devoirs envers Dieu et envers soi-même, mais

[1] Corinthiens, c. 12.

très-principalement des devoirs envers la société. On sait que le christianisme fait dépendre toute la loi de l'accomplissement du précepte de charité; il est la doctrine sociale par excellence. Si l'exagération de quelques-uns de ses principes a pu entraîner l'Église à prêcher parfois le dédain, le mépris du monde, dans un sens absolu qui n'est point celui de l'Évangile, cette erreur ne saurait tarder à être reconnue : le véritable catholicisme ne prêche le mépris du monde que quant à ses vanités; il commande, au contraire, le dévouement à la tâche de la patrie dans l'œuvre de l'humanité, comme Jésus-Christ et ses apôtres l'ont prêché par l'exemple. Les actes significatifs du pontife régénérateur qui occupe aujourd'hui le siége théocratique de Rome, le rappellent éloquemment à tous les prêtres.

Il est passé, le temps où l'on pouvait se croire

digne d'estime en accomplissant seulement ses devoirs envers soi et les siens. Le devoir envers Dieu, nous venons de le rappeler, prescrit une tâche permanente envers la société.

A mesure que le régime de liberté est établi plus complétement et que l'accroissement des populations rend plus difficiles les conditions de l'existence humaine, ce devoir devient plus impérieux. On arrive à une époque où celui qui le méconnaîtra, deviendra bientôt l'objet du mépris ou de la pitié publique, au point d'être réduit à vivre dans l'isolement.

Quelque grandes que soient les souffrances de notre état social, elles seront bientôt guéries par l'harmonie des droits et des devoirs. Les ressources du génie de l'homme sont infinies, l'auteur de toutes choses l'a voulu : la science et l'industrie le prouvent chaque jour. Elles suffiront à tous les besoins de l'humanité, mais avec le concours des institutions de l'ordre moral : toute la puissance qui dirige les nations civilisées en dérive aujourd'hui.

Il faut donc que toutes les classes élèvent la jeunesse dans la pensée du dévouement au bien public et de la pratique des devoirs sociaux. Le soir, avant de se livrer au repos, chacun doit se demander ce qu'il a fait pour la satisfaction des devoirs spéciaux imposés à la classe dont il fait partie. L'enfant dès le bas âge doit être entretenu dans cette pensée, afin de la pratiquer ensuite comme à son insu, par une douce et sainte habitude. Oui, douce et sainte : car, quelle satisfaction plus inouïe peut-il être donné à l'homme, que celle de concourir au bien-être de la société entière ; y aura-t-il une jouissance supérieure à celle-ci, dès que l'on aura compris l'importance qui s'y rattache? La joie la plus ineffable est assurément celle que l'on éprouve en assistant un malheureux. C'est le besoin d'une telle satisfaction qui arrache l'aumône à un grand nombre : il y a plus d'épicurisme qu'on ne pense à venir en aide à celui qui souffre. Pour nous en convaincre, comparons la situation de notre âme lorsque nous venons de faire l'aumône, à celle que nous lui faisons lorsque, refusant de répondre à l'appel du pauvre, nous passons outre sans lui avoir donné un témoignage de sympathie. Ne sentons-nous pas alors un certain frisson de douleur qui nous suit avec la pensée du malheureux laissé par nous sans assistance !

Ne méconnaissons donc pas la noblesse et la force de quelques instincts. Sachons les apprécier et leur donner un libre essor; c'est la plus grande part de bonheur qui nous soit donnée sur cette terre. Il est facile d'y participer sans cesse par la pensée du dévouement à la société. La pratique des devoirs ne sera donc point une peine ni une charge nouvelle : ce sera, au contraire, une heureuse application de nos facultés, destinée à garantir tous nos intérêts en nous procurant les plus fécondes comme les plus précieuses jouissances.

## DEVOIRS DU PAYS LÉGAL.

La classe moyenne. — Tâche qui lui est échue. — Équitable répartition des charges sociales à toutes les classes.

Ce n'est pas sans une juste défiance de nos lumières que nous essayons de rappeler quelques-uns des principaux devoirs du pays politique ou légal. La tâche qui lui est échue est si importante, si complexe et si difficile dans ces circonstances, qu'il serait présomptueux à une seule intelligence, fût-elle même de celles d'élite, de prétendre la tracer d'une manière satisfaisante. Sans doute, ceux qui ambitionnent si ardemment l'extension des droits politiques, en savent beaucoup plus que nous sur ce sujet, quoiqu'ils s'abstiennent de s'en expliquer : ce n'est pas une raison qui doive imposer silence à nos humbles efforts.

Le pays légal est représenté maintenant par la classe moyenne. Un des plus grands progrès sociaux est assurément l'action dominante de cette classe dans les affaires publiques, lorsqu'elle est suffisamment éclairée pour l'exercer.

La classe moyenne est le centre, le cœur du corps social ; elle en rallie tous les membres au même tronc ; elle y fait circuler la vie et elle l'y entretient. Avec son règne, il n'y a plus de points extrêmes dans la société, puisque cette classe se renouvelle sans cesse par l'affluence des extrémités du corps social qui viennent s'y confondre et s'y associer. Avec elle, aristocratie et basses classes ont cessé d'exister. La première est réduite à ne plus signifier que l'élite des capacités nationales ; la seconde s'est élevée considérablement en dignité : elle a trouvé un libre accès aux plus hautes fonctions par l'industrie ou le savoir, en un mot par la capacité, qui, sous notre régime, conduit à tout. La classe moyenne, naturellement prudente, craintive même, et intéressée à tous les progrès, assure le règne d'une liberté véritable ou modérée. Elle représente le principe le plus fécond de nos jours, celui de la tolérance ; elle est, par sa nature même, opposée à l'arbitraire.

Elle a cependant aussi des tendances peu favorables à sa tâche actuelle.

Habituée aux calculs mercantiles, trop préoccupée des intérêts particuliers, éloignée de ces positions élevées, desquelles seules on peut embrasser l'ensemble des intérêts publics et reconnaître ce qu'ils prescrivent, surtout à une grande nation, elle est souvent bien lente à admettre ce que réclament le progrès des idées et le développement des ressources de l'industrie. Ainsi la centralisation excessive qui retarde chez nous la formation des mœurs politiques, devient souvent une nécessité avec elle. Si on la laissait s'abandonner aux préoccupations des localités, la puissance nationale, les sciences, les arts, manqueraient des ressources nécessaires à leur développement : le progrès marcherait avec trop de lenteur. Il faut la réunion de ses meilleures intelligences, au centre des grandes lumières, où l'élite des capacités est sans cesse en action, pour élever ses idées à la hauteur de la mission qu'elle doit accomplir. Une fois qu'elle a pu dominer ses préoccupations habituelles, c'est bien moins par égoïsme que par excès de prudence qu'elle résiste parfois à des réformes nécessaires, proposées même par le gouvernement, comme on l'a remarqué dans la discussion de la loi sur les irrigations et en d'autres circonstances.

Avec la domination de la bourgeoisie, on n'a pas à craindre de marcher témérairement dans la voie du progrès ; mais, sous le régime de liberté, qui comporte tant d'entraînements divers, ce n'est peut-être pas très regrettable, surtout avec notre caractère national.

## I.

En recueillant la succession politique des classes privilégiées, la classe moyenne a-t-elle bénéficié à tous égards ? C'est ce qui semble incontestable au premier aspect. Cependant, pour ceux qui comprennent la nature des devoirs que ses nouveaux droits lui ont imposés, ses avantages sont purement honorifiques et de l'ordre moral. Ce n'est pas une exploitation qui est échue à la classe moyenne, c'est une magistrature sociale ; ce qui veut dire une charge difficile et onéreuse à servir. Si toutes les obligations qui s'y rattachent avaient été franchement exposées, très-probablement il y aurait beaucoup moins d'engouement pour les droits politiques du degré le plus élevé.

Avec l'avénement de la bourgeoisie, une transformation sociale a eu lieu. L'industrie et le travail ayant changé de condition, réclament une législation spéciale. Nous nous trouvons beaucoup plus avancés en réformes politiques qu'en progrès sociaux. Cette incohérence entretient un état de souffrance qui pèse surtout sur les classes les plus nombreuses. Il en est résulté des difficultés inouïes pour le gouvernement ; une pratique restrictive des principes représentatifs, et par suite de l'agitation en faveur d'une extension des droits politiques, comme remède à ce mal.

Dans cette situation, le pays légal saura-t-il se résoudre à remplir tout son rôle d'abnégation ? Provisoirement, c'est au préjudice de ses intérêts matériels qu'une partie des réformes appelées à rétablir l'harmonie sociale doivent s'accomplir. La transformation qui s'opère par l'avénement du nouveau régime, lui a valu des honneurs et de l'influence, pendant qu'elle causait des préjudices aux autres classes. Et si l'on peut dire que la bourgeoisie a souffert aussi dans ses intérêts matériels, il faut convenir que sa perte est incomparablement moins forte que celle qui est échue aux autres.

Il s'agit aujourd'hui de rétablir l'harmonie dans la distribution des charges que l'ordre social impose à toutes les classes. Chacune d'elles a perdu matériellement et gagné moralement par le développement des idées : cela est naturel dans une situation transitoire. Plus tard, il y aura amélioration générale, lorsque l'industrie sera mieux organisée. En attendant, il faut se hâter de répartir équitablement les taxes.

Par exemple, sous notre régime, on ne saurait plus soutenir que les impôts sont répartis en parfaite équité, si la seule différence des charges du propriétaire aisé au simple travailleur était déterminée uniquement par la proportion de leur consommation ou de la valeur de leurs biens. Un capitaliste qui fait servir trois plats de viande sur sa table, fournit au fisc une somme plus considérable que l'ouvrier qui ne peut s'en procurer qu'un; et malheureusement pas toujours! Mais le capitaliste ayant de l'aisance, des droits politiques qui sont un honneur, et une position sociale, doit fournir au fisc plus que le chiffre dicté par la proportion de sa consommation ou de ses biens; il doit supporter des taxes prélevées sur tous les objets de luxe, en vue d'abaisser celles qui pèsent sur les objets de première nécessité. Ceux-ci sont l'indispensable pour la classe ouvrière. De leur prix dépend ou sa souffrance ou son honnête médiocrité; tandis que pour les classes du pays légal, le prix de ces denrées, quel qu'il soit, n'établit jamais pour elles une souffrance réelle; il leur impose seulement quelques privations. Dès lors, les conditions de bien-être, qui, relativement, doivent être les mêmes pour toutes les classes, ne sauraient être équitablement réglées que sur la base que nous venons de rappeler. Il y a bien déjà une application de ce principe ; mais dans une proportion si faible, qu'elle est loin d'atteindre le résultat nécessaire. Ce système ne préjudicie à aucun droit ; nullement à ceux du pays agricole, dont l'activité et l'encouragement importent à tous. Remarquons, toutefois, que la population vouée à l'agriculture sera toujours la plus favorisée pour la satisfaction des besoins matériels : ses ressources ont augmenté avec la population ; ses moyens de subsistance lui sont toujours assurés, plus ou moins largement : il n'en est point de même pour le pays industriel !

Après la répartition des impôts, viennent les réformes qui se rattachent à l'industrie et au travail manuel. Régler le droit d'association, de la puissance duquel dépend la prospérité du nouveau régime : puissance que notre législation tient paralysée par suite de défiances politiques; assurer le développement de l'industrie agricole qui pourrait donner à la France jusqu'au double de produits; préparer une irradiation plus étendue et plus féconde à nos relations commerciales : ces améliorations, et cent autres, sont attendues avec impatience. Leur exposition détaillée nous conduirait trop loin. Disons seulement un mot des progrès féconds enfantés par l'économie politique, afin que l'on ne puisse nous attribuer la pensée de travailler, exclusivement, pour ou contre la liberté du commerce.

L'ensemble de cet écrit prouve suffisamment que nous chérissons la prudence autant que le progrès. La liberté du commerce est appelée à régner complétement; ses avocats sont les bienfaiteurs de l'humanité; mais elle ne saurait être appliquée à la France que graduellement et en consultant les ressources des industries utiles. Notre situation, sous ce rapport, est loin d'être identique avec celle de l'Angleterre ; nul ne peut en disconvenir. Si parfois les apôtres de la liberté du commerce se laissent aller à de l'indignation contre les partisans du système protecteur, c'est qu'il est bien difficile de ne pas céder à ce sentiment, à la vue des droits énormes imposés sur des matières premières dont le prix paralyse nos industries les plus importantes, et jusqu'à notre marine, qui est un des éléments indispensables de la prospérité nationale.

## II.

On ne saurait méconnaître que la tâche échue à la classe moyenne est ardue, et qu'une immense responsabilité pèse aujourd'hui sur elle. Demander qu'elle réforme à-la-fois toute la législation, serait vouloir l'impossible. Mais a-t-elle fait une bonne partie de ce qu'elle pouvait faire?

Sans doute, elle a montré le désir de satisfaire aux besoins que nous avons indiqués : chaque année elle a fait quelque chose. L'abolition de la traite et de la loterie, une réduction des impôts indirects, de l'impôt du sel, quelques lois sur l'instruction primaire, sur le travail des enfants dans les manufactures, et un grand nombre d'autres améliorations, attestent la préoccupation du bien de tous, dans l'exercice de l'électorat. Signalons encore ce qui nous semble même plus important, c'est le désir manifesté par les conseils généraux de Lyon, de Paris, et d'autres grandes villes, de remplacer certains droits d'octroi, surtout ceux prélevés sur la viande, par des taxes somptuaires : c'est encore, et très-particulièrement, les assurances présentées par les candidats à la députation,— comme un de leurs titres à la confiance des électeurs,—de se dévouer pour les améliorations que réclame l'état des classes ouvrières. Il y a dans ces faits le témoignage constant d'intentions équitables. Il n'est permis à personne de les révoquer en doute pour prétendre que le pays légal dédaigne les intérêts des autres classes ; ce serait de l'injustice. Non, le pays politique n'est point sans dispositions favorables aux intérêts de tous. Il songe sérieusement aux besoins que nous rappelons ici; mais il est retenu par les difficultés. Il veut, et n'ose pas ; il craint d'empirer au lieu de guérir. L'ouvrier ne travaille que lorsque le manufacturier peut faire ses affaires. Les intérêts de ce dernier sont en corrélation avec ceux des masses. Il faut servir celles-ci sans nuire aux autres : tel est le problème qui arrête les efforts d'une classe naturellement portée, en tout, à une excessive réserve. Ainsi, touchant les réformes applicables au bien-être des classes du travail manuel, de même que pour les réformes administratives, les difficultés sont l'obstacle, et non point le mauvais vouloir. C'est pour cela que nous considérerons toujours comme illusoires ou comme perfides, tous les moyens qui n'ont pas d'abord pour objet d'atténuer les difficultés en rappelant aux devoirs de part et d'autre, gouvernants et gouvernés, pays légal et pays social.

Les classes du travail manuel l'ont compris. Elles restent calmes : elles attendent, en réclamant, non point exactement ce qu'il leur faut : elles ne le peuvent; ce n'est pas à elles qu'il appartient de le découvrir; leur savoir ne s'élève pas jusqu'à la science des intérêts sociaux : elles n'ont pas été appelées à diriger l'État *en devenant les serviteurs de tous*, comme dit l'Écriture. Leurs devoirs sont d'une autre nature : en les accomplissant, elles attendent la pratique de ceux du pays légal. Mais leur attente est pénible et souvent douloureuse; et la douleur, parfois, cède involontairement à l'erreur.

Les difficultés que rencontre aujourd'hui la tâche du gouvernement, ne nous semblent plus venir de l'attitude des classes ouvrières. Partout elles restent fort raisonnablement étrangères à l'agitation politique. Le pouvoir ne saurait donc s'autoriser de la turbulence des autres, pour retarder la satisfaction que réclament si impérieusement plusieurs intérêts matériels; le moment est venu pour lui d'agir avec l'instinct d'une haute prévoyance; d'accomplir ce qu'exigent les intérêts des classes les plus nombreuses : c'est ainsi qu'il les détachera de toute agitation politique ; entre elles et lui l'alliance est naturelle : elle doit s'accomplir.

## III.

Lorsque l'action prédominante, dans les affaires publiques, appartenait à des classes privilégiées, si elles repoussaient avec persévérance l'extension des droits politiques en faveur de la classe moyenne, elles se préoccupaient vivement des besoins du peuple. Elles tenaient à prouver ce dont nous sommes très-convaincus : c'est que pour être bien gouverné, il n'est point nécessaire de participer au gouvernement; c'est que pour le grand nombre, qui n'a point les lumières et les ressources nécessaires à de telles préoccupations, ce serait, au contraire, une ruineuse déception.

Aujourd'hui, la classe moyenne saura-t-elle

s'imposer une semblable abnégation; saura-t-elle, par un dévouement éclairé, par un calcul prévoyant, fournir à l'industrie et au travail les moyens de prospérité qu'ils réclament? Si elle le sait, la puissance de son règne sera consolidée; elle aura accompli une des tâches les plus glorieuses qui aient été léguées aux nations. Les utopies politiques et sociales, restées sans puissance auprès des masses, viendront s'endormir à ses pieds. Une ère de prospérité s'ouvrira plus que jamais sur la France. La véritable liberté sera établie sur des bases inébranlables : elle s'étendra rapidement sur l'Europe entière, aux yeux étonnés du Nouveau-Monde, qui depuis longtemps ne veut s'informer que de la *caducité* de l'ancien régime, dont il nous croit incapables de secouer complétement les chaînes. Alors le génie français aura résolu le grand problème des transformations sociales : par lui, l'humanité sera entrée dans une des phases les plus fécondes que sa destinée l'appelle à parcourir.

Mais, si le pays légal hésite encore à considérer la question sous les aspects divers qu'elle comporte ; s'il ne sait la résoudre largement en faveur des devoirs attachés à ses droits ; nous le disons avec une douloureuse conviction, il se sera préparé des difficultés qui, peut-être, seront insurmontables. Bientôt, il sera dominé par l'agitation politique, qui sait toujours s'autoriser de motifs nombreux et d'une générosité apparente. Les améliorations sociales deviendront ainsi impossibles ; le trouble et la corruption surgiront de toutes parts ; le régime de liberté sera détruit pour l'Europe entière : car il n'y a que la France d'appelée à le propager sur ce continent. Dès-lors la domination politique des classes moyennes sera jugée : elle nous aura conduits, ou à la situation des républiques de l'Amérique du Sud, ou à une domination despotique, anéantissant graduellement la prospérité et la puissance de notre patrie !

## INSTITUTIONS MORALES DE L'ORDRE CIVIL.

Elles sont indispensables ; les maux qu'elles doivent guérir ; formation des classes ouvrières ; Association municipale du devoir social ; tâche qu'elle est appelée à remplir.

Sous le régime de liberté, toutes les ressources de la science, unies à la législation la plus prévoyante, seraient impuissantes sans les institutions morales de l'ordre civil. La religion pourrait les suppléer. Il est des pays où elle se l'impose. Mais depuis que la majorité du clergé se consacre à former un parti voué à la dévotion, depuis qu'elle tend de plus en plus à s'isoler de cette partie du monde qui a l'initiative du progrès, dans toutes les classes, les institutions morales de l'ordre civil sont devenues d'une nécessité indispensable : elles ne sauraient avoir pour objet de remplacer l'enseignement religieux, mais de suppléer à ce qu'il croit pouvoir dédaigner.

A ceux qui prétendraient que de bonnes lois peuvent suffire à tout, nous sommes heureux de pouvoir citer le langage significatif qu'un homme d'État, dont l'autorité est irrécusable en ces matières, fait entendre, dans l'enseignement docte et chrétien qu'il donne au Collége de France :

« L'économie politique se borne à démontrer les immenses bienfaits de la science qu'elle enseigne. Il ne lui est pas donné d'en prévenir l'abus. Elle ne peut tout faire. Elle ne forme ni les parlements, ni les tribunaux. Elle suppose que la religion est vigilante ; que les pouvoirs sont éclairés ; que la société entière veut accomplir les devoirs que l'état social impose, et que dicte le christianisme ; elle compte, enfin, sur la force du sentiment public, pour dominer les tendances subversives de l'individualisme [1].»

Jusqu'ici, les institutions morales de l'ordre civil se sont proposé l'aumône, très-peu de procurer du travail, nullement de fournir l'enseignement que réclame le régime de liberté. A l'exemple de l'Angleterre, que l'on est si disposé à prendre en tout pour modèle, nombre de personnages ont pensé pouvoir remédier, dans les villes, à la détresse du travail manuel, en développant les institutions qui ont pour objet de faire l'aumône. On ne peut, assurément, qu'applau-

[1] M. Michel Chevalier, dans sa chaire du Collége de France, le 12 mai 1847.

dir à cette généreuse disposition ; bien des misères sont adoucies par la charité de son zèle; mais il y a quelque chose de plus efficace et de non moins indispensable à établir, en vue de l'amélioration du sort des classes ouvrières.

Aux œuvres pies d'une reine dont les vertus obtiennent l'admiration de tous les partis, vient de s'unir la recommandation d'une auguste parole à laquelle on ne saurait donner assez de retentissement. « *De toutes les charités, la meilleure est le travail; c'est à la fois une source de bien-être pour l'ouvrier, et un gage de sécurité pour le pays*[1]. Par ce langage, dont la source est le garant de sa fécondité, le roi n'a fait que donner la théorie de ce qui se pratique sous son impulsion, il faut le reconnaître, par le pouvoir et par un grand

[1] Réponse de S. M. à M. Barthe, président de la Cour des comptes, le 1er mai 1847.

nombre de municipalités. Mais les gouvernements ne peuvent accomplir qu'une partie d'un tel devoir. Le pays tout entier doit s'empresser d'acquitter la part qui lui en revient.

A cette fin, chaque municipalité devrait être le siége d'une association qui se proposerait exclusivement :

1° De procurer du travail aux ouvriers malheureux qui en manquent;

2° De donner, le dimanche, un enseignement sur les conditions du bien-être sous le régime de liberté, et sur les devoirs qu'impose à tous un tel état social.

Toutes les classes retireraient de larges bénéfices de tels exercices. Mais pour cette jeunesse éloignée de sa famille, et venue dans les villes pour apprendre une profession manuelle, jeunesse qui forme la moitié la plus ignorante de nos classes ouvrières, cet enseignement serait un bienfait dont l'efficacité est aujourd'hui inappréciable.

## I.

Les dispositions déplorables que l'on peut signaler chez une trop grande partie de ces classes, trouvent leur explication, non point seulement dans les mauvaises conditions du travail et de l'industrie, mais surtout dans l'existence que doivent subir les apprentis. Il y a là une face de nos misères sociales dont l'importance mérite quelque attention.

Les ouvriers dont la famille est établie dans les villes où ils travaillent, ont fait leur apprentissage sous la surveillance de leurs parents. Ils vivent ordinairement dans une situation d'honnête médiocrité. Ils sont les meilleurs ouvriers ; ils ont des habitudes d'ordre, d'économie; n'étant pas privés des jouissances de famille, ils se marient plus tard que les autres et ont conséquemment moins d'enfants. Ils ont encore à un bien plus haut degré le sentiment de dignité souvent trop faible chez la classe ouvrière ; presque toujours ils savent se réserver quelques ressources pour les temps d'épreuves. C'est au maintien des traditions de famille, qu'ils doivent de résister ainsi à l'entraînement des vicissitudes de leur destinée. L'ouvrier qui en est privé, arrive à la dernière des situations.

Il vient fort jeune, dans les villes où il doit apprendre son état. Appelé immédiatement à un travail pénible, l'égoïsme de ses maîtres spécule sur plus que sa force, souvent même sur sa nourriture. Se voyant traité avec un dédain réel de tout ce qui l'intéresse, cet enfant s'habitue à haïr ses maîtres, et s'accoutume à agir envers les autres comme on agit envers lui. Il grandit ainsi, en se dépravant par l'habitude de n'avoir d'estime pour rien, de tout rapporter à des mobiles personnels. Il prend ses délassements avec des camarades que l'injustice irrite, dégrade, et porte au mal autant que lui. Dès qu'il quitte les compagnons de ses tristes plaisirs, il se trouve isolé au milieu du monde, où nul ne lui adresse une parole de fraternité. Ses passions se développent avec l'âge, dans les tendances les plus déplorables; les moyens de les satisfaire lui semblent sa seule consolation. Personne ne lui fait connaître d'autres satisfactions. Les enseignements qu'il a pu recueillir à l'église, se trouvant trop en dehors des nécessités qui le dirigent, restent sans influence sur son esprit. Le plus souvent c'est à la débauche, qu'aussitôt arraché aux préoccupations du travail, il demande la diversion que réclame son organisme. Penser en vue du bien de la société, lui est inconnu. Personne ne lui ayant appris comment il pourrait y avoir sa part, il ne saurait s'y intéresser.

Cependant, l'instinct religieux, commun à tous les êtres, le jette parfois dans un trouble dont il ne peut démêler les douceurs : en s'élevant vers Dieu, son âme a pressenti les joies du cœur, dont il a été privé jusqu'à ce jour; lui, malheureux, qui se rappelle à peine de sa mère!... Les instincts pieux et le besoin de se sentir aimé, le retirent du vide décevant qu'entretient la vie de débauche, et le portent à se marier lorsqu'il est encore sans expérience et sans ressource. Sa femme sera plus jeune encore; son dénûment sera aussi plus complet. Mais la pensée de savourer les joies du cœur, fait écarter la crainte de ne pas suffire aux besoins de la famille. Cet ouvrier se marie donc après avoir satisfait à la loi sur le recrutement de l'armée.

Qui pourrait le blâmer d'agir ainsi? ne cède-t-il pas à la meilleure des tendances, ne renonce-t-il pas, pour la satisfaire, aux goûts dépravés! Cette conduite prouve suffisamment que les instincts, laissés à eux-mêmes, restent honnêtes; et que la corruption vient de l'erreur qui fermente dans le cerveau des hommes lorsqu'ils s'exaltent l'un l'autre par de faux raisonnements.

Bientôt, la femme, éprouvée par les devoirs de la maternité, se trouve presque inhabile à travailler; les enfants se succèdent; le travail est peu payé; parfois même il vient à manquer: la misère, avec son affreux cortége, envahit la demeure de ce jeune artisan. Les joies du cœur l'ont conduit à une autre souffrance.

Ses habitudes s'étant formées en dehors des sentiments qui déterminent l'ordre et l'économie, il a parfois dépensé, inconsidérément, l'écu qu'il aurait pu réserver pour un temps d'épreuve. Et, maintenant encore, livré à l'ennui le plus cruel, il sera porté à s'étourdir sur sa position, en recourant à une partie des mauvaises habitudes de sa vie primitive. En voyant revenir le temps d'épreuve sans avoir rien mis en réserve pour le traverser, il se prend à maudire la société; il s'abandonne à des idées coupables; s'il rencontre un utopiste ou un spéculateur politique, il en sera l'instrument et la victime. N'est-ce pas l'abandon dans lequel s'est trouvé ce malheureux, dès son bas âge, qui a causé sa triste situation?

## II.

Voilà, cependant, comment se forme plus de la moitié de la classe ouvrière qui compose la population industrielle de nos villes. Est-il surprenant de la voir montrer tant de dédain pour un ordre social qui la laisse subir de telles misères? Est-il étonnant que, malgré le bon sens qui l'inspire, elle prête parfois l'oreille à ces théories subversives que des réformateurs dont l'intelligence est plus ardente et généreuse qu'éclairée sur les nécessités de tout ordre social, leur présentent sous des formes attrayantes?

Non! nous n'avons pas le droit de nous étonner de l'égarement que des doctrines mortelles pour toute société, mais séduisantes par les illusions qu'elles exposent comme des réalités, peuvent causer chez des classes formées en de telles conditions. Nous avons proclamé la liberté. En le faisant, nous avons donné l'essor à mille difficultés sociales nouvelles; nous avons tout posé sur de nouveaux principes qui appellent des moyens nouveaux pour garantir l'ordre moral, dont dépend ensuite l'ordre matériel. Ces moyens, nous ne les avons pas suffisamment recherchés : nous avons manqué de dévouement pour compléter notre œuvre, pendant que ses adversaires ne manquent pas d'énergie pour la détruire. Il faut décider, maintenant, si nous n'avons voulu élever qu'un simulacre fugitif du régime de liberté, prêt à disparaître devant les difficultés, comme ces comètes qui se bornent à éclairer et à ébranler les planètes dont elles approchent un instant. Il faut décider si nous voulons avoir l'honneur mérité par les fondateurs d'un régime de progrès, ou si notre lot sera l'humiliation d'avoir tout combattu, tout remué, tout troublé, pour aboutir à un désastre social !

Oh ! quelle que soit la forme dubitative sous laquelle se pose ici cette affirmation, à Dieu ne plaise que nous voulions douter du dévouement national, et surtout de celui du pays politique, en vue d'achever la tâche complexe et humanitaire qu'il s'est donnée en **1830** ! Oui, nous savons que nul ne veut faillir à tout son devoir; que le dévouement ne fera pas défaut devant les nécessités du nouveau régime. Nous sentons que les nations qui nous observent en souriant malicieusement à nos efforts encore insuffisants, n'auront pas lieu d'écrire dans leur histoire, que l'esprit français fut impuissant à fonder et à féconder : nous le sentons, parce que nous avons la ferme confiance que chacun va s'appliquer à l'étude du devoir social.

D'ailleurs, nous l'avons exposé déjà, les prescriptions de ce devoir, loin d'être pénibles et onéreuses, sont une source de jouissances d'un ordre élevé. A l'égard des institutions morales de l'ordre civil, elles le seront plus encore. Lorsque tous les citoyens éclairés feront partie de l'*Association municipale du devoir social*, le service qu'elle réclamera sera peu fréquent, et les satisfactions de tous genres dont il sera cause le feront rechercher. Les comptes-rendus de la presse, qui aura pour premier devoir de l'encourager; les récompenses honorifiques que les académies et les municipalités décerneront aux membres le plus efficacement dévoués; cent autres sujets de consolation et d'honneur en feront l'œuvre de prédilection de toutes les âmes d'élite. Car elle sera féconde en grands résultats.

Une fois bien organisée, l'Association ne pourrait-elle voir accroître indéfiniment ses ressources, par ces donations, ces legs considérables dont on enrichit tant de congrégations religieuses, qui n'en font point toutes un usage assez en rapport avec les besoins de notre ordre social? Dès-lors, les moyens de l'Association pourraient suffire aux éventualités les plus désastreuses. Dans une saison rigoureuse où le travail viendrait à manquer trop complétement, ils lui permettraient de faire confectionner pour son compte des milliers d'objets qu'elle ferait ensuite vendre à l'étranger par un de nos armateurs. En ceci, elle ne ferait que suivre l'exemple donné par d'autres nations, dont le pays légal est appelé à défendre les institutions et à se dévouer pour surmonter les obstacles sortis de la révolution qui s'opère dans l'industrie. Et, chose digne de notre attention, ces pays n'ont pas à vaincre toutes les difficultés sociales que le régime de liberté fait éclore dans notre patrie : la religion y exerce une grande influence, parce que l'Église y a une tout autre attitude qu'en France.

L'association municipale des dames ne serait pas moins méritante. Par sa sollicitude, cette foule de femmes que les socialistes nous montrent livrées malgré elles, souvent par de poignantes nécessités, à une dégradation honteuse pour la société, seraient en grand nombre rappelées à une vie honorable par le travail et l'enseignement qui leur seraient procurés. Les deux sexes ont à peu près le même devoir à remplir.

Une section de l'*Association municipale du devoir social* s'occuperait spécialement des apprentis dans les professions manuelles. Elle leur donnerait un enseignement récréatif le dimanche, pour les exhorter à traiter ces jeunes gens de manière à leur faire aimer tous les devoirs. Les chefs des paroisses, appelés à concourir à cette œuvre, la rendraient plus efficace. Cette jeunesse, habituée à trouver des hommes éclairés qui s'intéressent à elle, qui lui témoignent du dévouement et se font un devoir de la protéger, grandirait dans la pensée de sentiments réciproques; elle comprendrait naturellement ce qu'elle doit à la société; elle serait portée à la respecter, ce qui n'est point aujourd'hui!.. Et ainsi l'harmonie et le bien-être des classes s'établiraient, au grand étonnement des phalanstériens et des autres socialistes, sous le régime fondé en 1830!

Nous soumettons humblement au pays l'idée de cette association municipale selon l'esprit de la garde civique : celle-ci répond à l'ordre matériel; l'autre viendrait satisfaire aux nécessités de l'ordre moral, et faciliter considérablement la tâche de la première. Si cette idée, que nous ne faisons qu'esquisser rapidement, renferme quelque proposition utile, le pays saura bien en faire le développement pour l'appliquer.

# RAPPEL

des devoirs politiques et des devoirs sociaux, des gouvernants, des gouvernés, du pays légal et du pays social.

Le premier devoir du gouvernement sous le régime actuel, c'est, avons-nous dit, d'apporter une sincérité scrupuleuse dans la pratique des institutions. Si le pouvoir s'en dispense, le pays l'aperçoit; excité par des suggestions malveillantes, il exagère les restrictions des gouvernants et les attribue à des motifs qui enlèvent à l'autorité toute la confiance et tout le respect sans lesquels il ne peut y avoir d'ordre moral.

Sans doute, la pratique véritablement sincère des institutions peut enlever temporairement au pouvoir quelques avantages de détail, dans les élections, par exemple ; mais partout ailleurs elle semble devoir toujours lui être avantageuse.

Une école politique moderne a formulé un système dont la logique rigoureuse est tout-à-fait contraire à ces principes. Dirigée par la doctrine de parti la plus inexorable, elle soutient : qu'on ne doit jamais laisser échapper un avantage matériel qu'il est possible d'enlever; jamais faire de concessions à ses adversaires ; et toujours considérer comme tel, quiconque n'est pas invariablement dévoué à son système.

Cette doctrine, qui assure incontestablement de la force par l'unité d'action qu'elle garantit, a été utile au parti conservateur, après la Révolution de juillet, lorsque les institutions étaient en péril. L'immense majorité du pays, n'étant préoccupée alors que de la nécessité de seconder le pouvoir, approuvait tous les moyens de gouvernement, quels qu'ils fussent. La force morale, sans laquelle on ne peut gouverner sous notre régime, était assurée au pouvoir. Voilà pourquoi ce système eut des résultats avantageux. Mais ses adeptes ne sauraient y voir l'efficacité permanente qui peut seule sanctionner une doctrine. Les conditions dans lesquelles ils obtinrent alors des succès, étant exceptionnelles, devaient leur faire craindre qu'en général le système ne fût dangereux. Il peut paraître efficace pour les intérêts de parti. Ces derniers doivent lutter sans cesse contre des adversaires implacables; ils ne se proposent d'abord qu'un succès de faits matériels, négligeant trop souvent d'accroître la puissance morale de l'idée qu'ils représentent. S'il en est ainsi pour l'intérêt de parti, il ne saurait en être de même pour l'intérêt de gouvernement : l'un cherche des résultats très-différents de l'autre. Le premier procède par antagonisme ; le second doit inspirer la sympathie, doit tendre à rallier à lui tout le pays. Le parti s'inquiète peu de l'impression qu'il a laissée à ses adversaires en les dominant ; il ne se propose malheureusement point pour premier résultat de régénérer, mais de vaincre ; l'action morale, il la réserve toujours pour le travail qui doit suivre la victoire !..... si elle est possible alors ! Et il arrive rarement qu'elle le soit : avant la victoire, c'était la nécessité de vaincre qui l'interdisait ; après, c'est celle de se défendre. Pendant cette lutte perpétuelle, le trouble envahirait tout, si le pouvoir, placé au milieu des partis, ne les dominait par la raison de la société, qu'il doit toujours représenter. Mais, si le gouvernement venait à ne pratiquer lui-même qu'un tel système de parti, où conduirait-il le pays, même avec un succès dans les faits matériels ?..... à la démoralisation ; c'est inévitable! Les partis n'arrivent pas au pouvoir pour y faire leurs affaires ; mais pour travailler à celles de la nation, qui ne sont jamais identiques avec les leurs, et qui ne peuvent admettre les mêmes moyens !

Sous le despotisme, le système de l'école que nous combattons serait peut-être utile parfois au gouvernement, qui ne laisse au peuple aucune puissance politique. Mais sous le régime de liberté, la première nécessité du pouvoir est de posséder l'influence morale, puisqu'il y a, en dehors de lui, une force considérable dont il a besoin, et que la confiance seule peut lui acquérir. Tous les succès de faits matériels ne font même que l'affaiblir davantage, s'ils ne sont pas de nature à réparer ses échecs envers la confiance du pays. Pour contester ces principes, il faudrait prouver d'abord que la puissance morale n'est pas d'une nécessité indispensable au pouvoir, sous le régime de liberté. Nous avons établi le contraire dès le deuxième chapitre de ce livre : de ce point dépend, selon nous, toute la doctrine que l'on cherche depuis longtemps : tous les devoirs des gouvernants en découlent[1].

[1] Un recueil périodique, estimé de l'Europe entière pour ses opinions éclairées autant que pour son mérite littéraire, la *Revue des Deux-Mondes*, du 15 septembre 1847, reconnaît en ces termes, dans sa revue politique, les principes que nous invoquons ici : «.... Il faut se préoccuper non-seulement du fond des choses, mais des impressions que les événements et les faits produisent sur les esprits. Il faut, sans doute, faire la part de l'imagination, dans l'espèce de malaise moral auquel on dit le pays en proie ; mais il y a aussi de nobles sentiments que de tristes écarts ont vivement froissés. »

Assurément on ne saurait prétendre qu'il faille dédaigner tous les succès de faits matériels : ce serait passer à l'extrême opposé. Le pouvoir vit aussi de faits ; il en vit essentiellement ; et l'influence morale ne lui est si indispensable que parce qu'elle lui assure la conquête des plus difficiles et des plus importants. Dans la limite de ses justes droits, le gouvernement doit combattre pour tous les succès qu'il peut loyalement obtenir : sa valeur consiste surtout à être une puissance plus forte que toutes les autres; c'est ce dont nul ne doit pouvoir douter. Et cependant nul n'y croit, dès que le pouvoir court après la conquête des faits par l'abus de sa puissance, parce qu'avec la liberté, chacun sent la faiblesse d'un pouvoir qui perd l'influence morale !

L'école qui préconise le système que nous combattons, toujours dominée par cette pensée, qu'avant tout elle doit, comme les partis, s'assurer la conquête des faits par des moyens de l'ordre matériel, croit tout perdu si elle perd la majorité dans la représentation nationale. C'est assez d'ailleurs la pensée de tous les partis qui sont au pouvoir. On sait jusqu'à quel point ils s'abusent à cet égard. Mais le pays ne connaît qu'un mal périlleux sous le régime actuel : c'est la démoralisation et l'affaiblissement du respect pour le principe d'autorité; la prospérité nationale en dépend ; le parti qui retient le pouvoir en les excitant, n'a point d'excuse pour justifier cette conduite : tous les dangers qu'il veut dominer par la résistance ne feraient jamais autant de mal que le trouble démoralisateur qu'il répand. Si ce parti possède assez de force pour résister en gardant le pouvoir, il en aura beaucoup dans l'opposition, après l'avoir perdu. C'est là qu'il peut fournir d'efficaces enseignements, en donnant une heureuse impulsion aux idées, et en réprimant les écarts de la majorité parlementaire par l'action du pays.

Mais, objecte-t-on encore, la nation n'est point assez éclairée sur la puissance des droits politiques qu'elle exerce ; elle est impressionnable à l'extrême ; il est donc facile de l'entraîner dans les réformes subversives. Nous l'avons reconnu et constaté en son lieu. Avec de telles dispositions, s'il est important de ne pas la laisser souvent s'abandonner à des épreuves dangereuses, il ne l'est pas moins, ce nous semble, de lui enlever cette confiance présomptueuse que lui inspire la prétendue difficulté de lutter dans les élections contre l'influence des préfets. Un peuple intelligent comme le nôtre sera toujours convaincu, à tort ou à raison, que des élections dans lesquelles les préfectures interviennent avec tous les moyens d'influence dont elles disposent, ne forment pas la représentation nationale avec assez de vérité. Dès-lors, il attribue toute l'impuissance du pouvoir législatif à la volonté du gouvernement, et non point aux dispositions du pays. De là cette pensée présomptueuse qui nuit au respect dû pour le principe d'autorité : Si les élections étaient plus libres, la Chambre accomplirait des travaux plus efficaces; mais le gouvernement entrave l'exercice des droits du pays dans les élections. Voilà ce qu'on entend répéter sans cesse.

Au fond, cette objection a peu de valeur à nos yeux. Les électeurs les plus modérés se dispensent bien plus que les autres de l'exercice de leurs droits; l'indifférence est leur défaut; les efforts des préfets ne peuvent faire que la compenser; ils sont bien moins efficaces en résultat définitif, qu'on ne le pense. Ils font passer à l'opposition les hommes impartiaux, ce qui laisse peut-être aux élections leur vérité. Mais les mœurs politiques ne se forment pas avec ce système; elles s'égarent de plus en plus, et entretiennent la défiance envers le pouvoir. Si, dans l'abstention complète de l'intervention des préfets, l'indifférence coupable des Conservateurs laissait arriver à la chambre une majorité téméraire, les actes de cette majorité ne pourraient, après tout, aller aussi loin qu'on semble le redouter. Le gouvernement fonctionne avec deux Chambres, et possède le droit de dissolution. Il a plus encore : les Conservateurs, devenant alors une partie dominante de l'opposition, travaillent en faveur des principes gouvernementaux et peuvent faire progresser considérablement les mœurs politiques, dans le sens le plus favorable à la force des institutions. Dans une hypothèse de cette nature, quelle heureuse influence n'exercerait pas sur l'opinion publique l'impéritie d'une majorité librement formée par le pays ! La nation apprendrait à se défier de ses lumières ; les partis à remplir chacun leurs devoirs, à exercer leurs droits sans indifférence ! Du jour où le pouvoir pourrait se vanter d'abandonner tout-à-fait les élections à l'impulsion du pays, il aurait acquis, selon nous, une grande force morale ; peut-être n'est-ce qu'à cette condition qu'il peut obtenir la confiance indispensable à l'autorité, sous notre régime !

Une fois les députés nommés, il est naturel et nécessaire que les gouvernants se concertent avec eux, qu'ils cherchent à rallier et à diriger la majorité des Chambres. Ils ne pourraient accomplir aucun travail d'État de quelque importance, sans un tel concert; l'*abus des influences* est le seul moyen d'action qui leur soit interdit près des députés. C'est pour cela que le Cabinet, qui dirige les élections, qui s'efforce de les faire en sa faveur, en usant des moyens d'influence dont il dispose, n'est plus un véritable pouvoir représentatif; il n'en est que le simulacre. Notre régime exige que les secrétaires d'État subissent passivement les élections, comme le jugement du pays sur leurs actes. En France, jusqu'à l'admission de ces règles, le pouvoir rencontrera des défiances qui paralyseront une grande partie de son action, et perpétueront un trouble moral.

A cette doctrine, on ne peut faire, selon nous, qu'une seule objection de quelque valeur, c'est celle des nécessités du pouvoir, lorsqu'il est dirigé par un parti qui se considère le seule capable de préserver l'État de quelque grand péril. Si, comme les ultra-conservateurs, ce parti présente des mérites réels; si ses adversaires tiennent une conduite dont l'imprudence semble justifier quelque résistance extra-constitutionnelle, il croit faire de l'héroïsme en se maintenant au pouvoir malgré les plus pénibles obstacles, en y pratiquant un système de parti. La situation devient alors une calamité nationale : elle prouve qu'il y a des dangers de tous les côtés! C'est pour cela que, dans les circonstances du jour, nous ne sommes pas pour un changement de cabinet. C'est aux gouvernants en fonction de dissiper le trouble qui s'est déclaré sous leur administration. Cela convient à tous : la tâche est difficile; mais elle leur est possible par des explications franches, cordiales de part et d'autre, unies à des concessions volontaires faites par le pouvoir. Ce résultat nous semblerait un événement heureux pour le pays, vu les difficultés de tous genres que nous avons signalées.

Dans ces dernières considérations, nous croyons n'avoir pas moins tenu compte que dans les précédentes, des nécessités de l'ordre social et des difficultés que rencontre, dans notre royaume, la tâche du gouvernement sous le régime de liberté. On a pu se persuader, dans le cours de ce travail, que ces difficultés ont été pour nous l'objet d'études sérieuses chez différentes nations. C'est en consultant le caractère national et l'état des mœurs publiques, la force du progrès des idées et des éléments nouveaux qui grandissent sans cesse dans le pays; c'est encore en observant la mission providentielle de notre patrie dans l'humanité et les épreuves héroïques qu'elle a subies, que nous avons cherché à reconnaître les conditions de la prospérité du régime que la nation vient de fonder.

Qu'il nous soit permis d'espérer que nul ne verra dans les réflexions soumises ici au jugement du pays l'expression d'un esprit de parti : les circonstances sont trop graves pour que l'on puisse s'y abandonner sans être criminel. En cet instant, le seul parti auquel nous ambitionnions d'appartenir, c'est à celui qui proclamera l'harmonie des droits et des devoirs, en s'appliquant à l'enseigner par l'exemple.

## I.

*Les devoirs des gouvernés* consistent surtout à ne pas nuire aux intérêts généraux en servant les leurs et en abusant de leurs droits politiques. Le citoyen doit se rappeler sans cesse que, sous notre régime, le gouvernement partage le pouvoir avec le pays ; et qu'il dépend toujours de la conduite de ce dernier de contribuer à paralyser ou à rendre efficaces les efforts des gouvernants. Avec cette persuasion, le citoyen doit se défier de ses lumières dans l'appréciation des affaires publiques, et des tendances de son parti à exagérer l'idée qu'il représente. Il ne saurait méconnaître que le pouvoir, les prêtres et les fonctionnaires de l'État, ont une tâche difficile, dans l'accomplissement de laquelle il est naturel que des fautes soient commises. Cette faiblesse, inhérente à tout travail des hommes, ne doit nullement altérer le respect dû au principe d'autorité, ni dispenser des devoirs de religion. Les secrétaires d'État ne sont pas le principe du pouvoir ; ils ne font qu'exercer les fonctions qui en dérivent. Et il n'y a point de liberté féconde sans le respect pour le principe d'autorité : nous l'avons expliqué ailleurs. Les devoirs des gouvernés sont nombreux ; ils sont tout aussi indispensables que ceux des gouvernants : on ne pouvait, dans ce volume, que les rappeler incomplétement.

Pour *les devoirs du pays légal,* nous renvoyons le lecteur au chapitre qui leur est spécialement consacré, et à celui qui est intitulé : *Devoirs des classes entre elles.* Les considérations qui se rapportent aux devoirs du pays légal étant contenues dans ces deux seuls chapitres, il serait superflu de les résumer ici.

Les *devoirs du pays social* — celui qui n'exerce pas les droits politiques du degré le plus élevé — étant les seuls auxquels nous n'avons pas consacré un chapitre spécial, seront rappelés avec quelque développement.

Ce qu'il importe au pays social, c'est que le travail soit abondant et que l'industrie prospère. L'état de calme, de sécurité, pouvant seul le permettre, c'est à en assurer le maintien qu'il doit surtout appliquer ses efforts. Bien plus que le pays légal, il doit se défier de son jugement dans l'appréciation des affaires publiques. Les moyens de l'éclairer lui manquent beaucoup plus complétement. Par-dessus tout, il doit craindre de céder aux tendances, à l'agitation politique; elles sont toujours funestes à ses intérêts: tous les faits sont là pour le constater. La raison nous dit assez que l'on réussit mal à travailler dans ce qu'on connaît à peine par sa forme extérieure, surtout quand l'intérieur en est complexe. Ce raisonnement ne s'applique-t-il pas aux affaires politiques plus qu'à toute autre matière? Ce qui semble entraîner les esprits dans une direction contraire, ce sont les apologies, récemment publiées, de la part qui est échue au peuple dans la grande révolution commencée si honorablement en 89. Ces apologies, quelque exagérées qu'elles soient à tant d'égards, ont leur juste raison d'existence dans une exagération contraire. Les opinions ultra-conservatrices avaient jugé souvent avec trop peu d'impartialité la part des hommes du peuple dans le drame terrible qui s'accomplit en France de 1790 à 1800. Sans doute, comme l'a si noblement exprimé, dans ces derniers jours, l'illustre auteur des *Girondins* lui-même : « Les siècles compteront jusqu'à la dernière goutte de sang versé sur les échafauds... Une victime injustement sacrifiée, s'élève plus haut dans l'histoire qu'un monceau de gloire et qu'une pyramide de sophismes [1]. »

Mais, on ne saurait contester aux Montagnards les intentions les plus patriotiques et le dévouement héroïque par lequel ils garantirent la Révolution, de cette ligue européenne qui voulait l'étouffer dans son berceau, pour y enchaîner, à leur gré, la noble mère de tous les progrès [2]. Les Montagnards, avec leurs qualités remarquables, leur arbitraire sans nom, leur horrible justice et leur terreur sanguinaire, représentent, selon nous, l'impéritie du peuple dans les affaires de gouvernement. Ses instincts, observés tels que la nature les exprime, sont toujours honnêtes et

[1] M. de Lamartine, dans le *Bien public* de Mâcon.

[2] Lorsqu'un tel langage est, comme en cet instant, celui du petit-fils d'un Girondin, excellent citoyen, dont la tête vénérée roula sur l'échafaud de la Terreur, que les partisans des Montagnards ne crient plus à l'injustice envers leurs héros révolutionnaires !

généreux; généralement ils sont capables, plus facilement que ceux des autres classes, de porter en toute occurrence le dévouement jusqu'à l'héroïsme.

Mais à l'égard des affaires publiques, privé du savoir spécial, et, par suite, défiant à l'extrême, disposé à accuser sur les moindres soupçons, à condamner sur les apparences; réduit à s'abandonner à des esprits plus ou moins ambitieux, qui se donnent la mission de le diriger, et qui souvent n'ont de plus que lui que l'éloquence de la parole ou de la plume, le peuple s'exalte facilement, et presque toujours par l'erreur; cette dernière n'est-elle pas la partie la plus considérable de tout ce qui se débat au milieu des masses, touchant les grands intérêts sociaux? Si cette erreur ne rencontre rien qui puisse la dominer, et que ses propagateurs aient intérêt à la développer, semblable à la mer qui s'enfle et s'agite à mesure que le vent souffle, l'exaltation du peuple accomplit les actes les plus épouvantables sans se défier de son égarement, car les intentions sont toujours bonnes !.. L'homme du peuple devient criminel, alors, sans être coupable. C'est à la société de l'éclairer avec sincérité sur ses droits et sur ses devoirs, pour qu'il se maintienne dans la sphère des travaux qui lui sont possibles. Voilà pourquoi nous considérons comme très-dangereuses pour tous, les doctrines tendant à persuader au peuple que ses intérêts sont dans l'extension des droits politiques. Chaque régime, comme chaque classe, a ses courtisans. Aujourd'hui, le peuple est un prince dont la cour est aussi influente qu'elle est vaste ; sa faveur fait la fortune des publicistes et des hommes politiques, bien plus facilement que celle des rois de nos jours ! Pour nous, qui le respectons autant que nous le chérissons, nous ne briguerons ses suffrages, comme ceux de tout pouvoir, que par une loyale et persévérante franchise.

Détruire est facile ; l'ignorance y réussit mieux que le savoir. En 1789, il y avait tant à détruire, que l'action du peuple, abandonnée à tout son entraînement, pouvait encore avoir un côté utile dans ses plus regrettables égarements. C'est, sans aucun doute, ce qui fait que tant de réformistes de nos jours croient encore faire le bien en travaillant à détruire. Mais les temps sont changés : celui de destruction est passé. Ce que la société réclame aujourd'hui, ce sont des architectes, et non des démolisseurs du peu de bien qui s'élève malgré tous les obstacles. En ce temps, à tous les points de vue, on n'aperçoit que le besoin de construire dans le domaine social. Si l'ignorance est habile à détruire, la science seule peut réédifier, et elle est rare au degré que réclame les besoins de notre société ! Si, à quelques égards, il reste encore à réformer aujourd'hui, le réformateur efficace ne saurait détacher une seule pierre de l'édifice, sans tenir dans sa main, et toute façonnée, celle qui doit la remplacer ; sans cela, les voûtes à demi construites de notre nouveau monument s'écrouleront jusque dans leur base. Que le pays social se défie donc de cet esprit révolutionnaire, si contraire, comme plusieurs l'ont très-bien dit, à la pensée de 89 ! C'est l'esprit d'agitation, de trouble, qui paralyse tout, dans un pays dont la prospérité dépend des progrès de l'industrie. Oui, le temps de la propagande révolutionnaire est entièrement passé. Une autre propagande est à faire dans l'intérêt des classes les plus nombreuses, c'est celle du principe d'association pour le travail et l'industrie; là est le régénérateur du travail manuel, et on ne l'obtiendra, rappelons-nous-le sans cesse, qu'avec un état de calme politique parfait. Il ne suffit pas que la France seule règle une telle institution. Si le même principe n'était pas admis dans les autres pays, l'industrie nationale pourrait éprouver une concurrence nuisible. Déjà nous souffrons considérablement de l'indifférence des nations voisines pour les nécessités du travail. Leur population ouvrière émigre en France dans une proportion qui devra être bientôt l'objet de l'attention du pouvoir : il y a là un fait d'une grande importance. Sans doute la France, cette terre classique de liberté, ce foyer des principes d'humanité, où l'étranger, ouvrier ou industriel, se trouve aussitôt débarqué, même mieux qu'il n'était à l'ombre de ses pénates, sans doute la France ne peut vouloir interdire l'entrée de son territoire aux travailleurs des autres nations. Elle leur a fourni à tous égards un refuge qui lui mérite assurément le titre de protectrice des malheureux ; nous devons le dire en présence de l'ingratitude témoignée par trop de publicistes étrangers. Mais la France a des devoirs difficiles et impérieux à remplir envers ses enfants ; elle ne peut plus venir en aide à ceux des autres royaumes, aux dépens des siens, dans une proportion aussi exorbitante que celle que présente le chiffre des ouvriers émigrés dans nos provinces. Sa générosité ne peut être, non plus, un motif d'encouragement pour l'indifférence coupable d'autres nations, concernant les devoirs qu'elles ont à remplir.

A la propagande révolutionnaire doit donc

succéder la propagande industrielle ou humanitaire, celle qui seule ramènera le bien-être au milieu des populations ouvrières. C'est en se préoccupant de cette nouvelle tâche, que le régime actuel nous impose ; c'est en s'attachant à unir les rapports des classes, par cette cordialité qui excite mutuellement à l'accomplissement des devoirs, que le pays social occupera avec dignité la place qui lui est assignée dans la société ; et qu'il assurera son bien-être en satisfaisant aux vues de la Providence.

Nous arrêterons ici ce travail, que la discussion de l'Adresse oblige à mettre sous presse avec beaucoup trop de précipitation. Il est à peine une ébauche, imparfaite à tous égards, des nombreuses questions qui y sont plutôt mentionnées que traitées. Que les intentions qui l'ont dicté soient notre titre à l'indulgence du pays. Nous le soumettons humblement à son appréciation, comme une feuille détachée de notre conscience de publiciste. Si, dans sa bienveillance, il y reconnaît quelques pensées utiles, nous aurons recueilli la plus précieuse récompense.

10 janvier 1848.

**ERRATUM.**

Page 38, cinquième ligne, au lieu de : Sont bien moins aristocratiques, lisez : bien moins démocratiques.

# SOMMAIRE.

FIN.

www.ingramcontent.com/pod-product-compliance
Ingram Content Group UK Ltd.
Pitfield, Milton Keynes, MK11 3LW, UK
UKHW012158240726
13966UKWH00002B/423

9 782012 459441